Junior Plus 1

Méthode de français

I.Saracibar
D.Pastor
C.Martin
M.Butzbach

CLE
INTERNATIONAL
www.cle-inter.com

Coordination éditoriale : E. Moreno

Direction éditoriale : S. Courtier

Conception graphique et couverture : Zoográfico

Photographie couverture : I. R. Casadevall

Dessins : D. B. Pérez, J. Bosch, M. Grez, J L. P. Bragado,
A. Peinador, J. Rodríguez, Zoográfico

Cartographie : J. L. Gil

Photographies : C. Villalba ; COMISIÓN DE LAS COMUNIDADES EUROPEAS ;
CONTIFOTO/Dan Helms ; CONTIFOTO/BANDPHOTO AGENCY ;
CONTIFOTO/FARABOLAFOTO/Baroni ; CONTIFOTO/SYGMA/A. Lecocq, J. Langevin,
J. Pavlovsky, Jean-Bernard Vernier, Philippe Giraud ; CONTIFOTO/VANDYSTADT/Frederic Piau,
Jean-Marc Barey ; COREL STOCK PHOTO LIBRARY ; DES CLICS EFE/SIPA-PRESS/Chesnot,
Tor Eigeland ; FACTEUR D'IMAGES/Fabien Malot ; F. Ontañón ; GARCÍA-PELAYO/Juancho ;
I. Rovira Casadevall ; J. Jaime ; ARCHIVO SANTILLANA

Recherche iconographique : M. Pinet, M. Barcenilla

Coordination artistique : P. García
Direction artistique : J. Crespo

Correction : B. Faucard-Martínez

Coordination technique : J. Á. Muela

Réalisation audio : Transmarato Espectacles, S.L.

Compositions musicales : A. Prio, A. Vilallonga, A. Vilardebo

Enregistrements et montage : Estudio Maraton

Coordination : S.-C. Delort, G. Marques

Assistance à la direction : I. Bres, H. Munne

Direction: A. Vilardebo

TABLE DES MATIÈRES

INTRODUCTION Découverte des objectifs du dossier du point de vue de l'élève. Mise en train. Manipulation d'un dictionnaire visuel et sonore.

	Dossier 0	Dossier 1	Dossier 2
SITUATIONS Compréhension et expression orales. Acquisitions globales.	L'élève par rapport au français Présentation du livre et du cahier	La rentrée, la classe, les cours, les goûts	La famille, les vacances, l'âge, les occupations
MÉCANISMES Grammaire en situation : entraînement à la compréhension et à l'expression orales. Actes de paroles.	Identifier quelqu'un Se présenter Saluer	(Se) présenter Décrire et identifier quelqu'un ou quelque chose Exprimer ses goûts et ses états d'âme Indiquer la quantité Indiquer la date	Demander et donner des informations personnelles sur quelqu'un Énumérer Décrire des actions en cours Nier quelque chose
Grammaire inductive : réflexion sur le fonctionnement de la langue. L'écrit et l'oral.	*Qui est-ce ?* *C'est* + (personne) *S'appeler* (sing.) *Moi, je / Toi, tu* (sensibilisation)	*Être* (sing.) + adjectif Genre des adjectifs Verbes en *-er* (sing.) *Qu'est-ce que c'est ?* *C'est* + (objet) Articles *un, une* Articles *le, la, les*	*Être (ils / elles)* *Avoir (sing.)* Adj. possessifs (un possesseur) Le pluriel : article *des*, noms et adjectifs *Il y a* Verbes en *-er (ils / elles)* *Ne* + (verbe) + *pas*
SONS ET RYTHMES Perception et prononciation des traits sonores du français.	Reconnaître le français	L'accent syllabique final [ɔ̃] de *crayon* [ʒ] de *janvier*	[y] de *tu* [u] de *cousine* [ã] de *soixante*
BD Compréhension écrite. Lecture à haute voix. L'écrit et l'oral.		Flash lecture sur *ai* Intonations interrogative et exclamative	Flash lecture sur *pas* L'accent syllabique
PROJET Intégration créative des savoir-faire. Coopération. Communiquer en classe.		Fabriquer un poster de présentation individuelle Demander de répéter ou de traduire un mot	Fabriquer en groupe un poster-devinette Demander de l'aide quand on n'a pas son matériel
INFOS Compréhension globale de l'écrit. Stratégies de lecture. Intercivilisation.	Le français et les autres langues, produits typiques, personnages célèbres	L'école en France et dans d'autres pays : matières, emploi du temps...	Les Français en vacances : seuls ou en famille

BILAN Évaluation des capacités et des progrès : bilan de communication orale (livre), test de compréhension orale et test écrit (cahier).

	Dossier 0	Dossier 1	Dossier 2
LEXIQUE Élargissement progressif du lexique dans chaque section.	Mots transparents Langues Nombres de 1 à 5	Adjectifs de description Matériel scolaire Les jours de la semaine Les nombres de 0 à 30	La famille Verbes d'action en cours Professions Les parties du corps Les nombres de 31 à 69

THÈMES TRANSVERSAUX

Convivialité : formules de politesse (0), rapports entre élèves et professeurs, respect des autres (1), famille (2), associations bénévoles (4), pluralité de cultures en France (4). En classe, dialogue, tolérance, humour, coopération (1, 2, 3, 4, 5, 6). **Santé :** sports et vacances, vie en plein air (2), défense de la nature (4). **Éducation du consommateur :** défense de ses droits (2), force des slogans (4). **Égalité des sexes :** hommes et femmes dans le monde du travail (2, 4, 5), héros et héroïnes (5). En classe, rejet de tous les préjugés sexistes (1, 2, 3, 4, 5, 6). **Protection de l'environnement :** importance de la nature dans nos loisirs (2), défense de la nature et des animaux (4). **Sécurité routière :** l'éducation routière comme matière scolaire (1). **Europe :** systèmes scolaires (1), culture générale (4), symboles de l'UE (5), symboles de la

Dossier 3	Dossier 4	Dossier 5	Dossier 6

Scènes diverses :
    Le jardin de la fontaine
    Une grande passion
	Jeu-concours culturel sur
	    la France
		Une intrigue policière :
		    un studio dévalisé, l'enquête
		La vie quotidienne
			Scènes diverses :
			    Au zoo
			    Super-mamie

Réemploi des actes de parole
    des Dossiers 1 et 2
Indiquer la date
Parler de ses animaux préférés
	Formuler des questions
	Exprimer tes connaissances sur
	    la France dans un concours
	Présenter un groupe
	Indiquer la couleur, le lieu, le
	    nombre et la cause
	Donner ordres et instructions
		Utiliser *tu* ou *vous* selon la situation
		Demander et donner une
		    information ou une explication
		Indiquer où l'on va
		Demander une confirmation
		Demander et dire l'heure
		Raconter sa journée
			Réemploi des actes de paroles
			    des Dossiers 1 à 5
			Parler de soi et des autres
			Interviewer quelqu'un
			Parler du temps
			Contraster des actions en cours
			    et des actions habituelles

Rebrassage et sédimentation
    des points de grammaire
    étudiés dans les Dossiers 1
    et 2, en particulier :
C'est / Ce n'est pas un(e)
Succession de phrases simples
	Quel(s) ? / Quelle(s) ?
	De quelle couleur ?
	Être et *avoir* (plur.)
	Verbes en *-er* (plur.)
	Les liaisons
	Impératif *(tu, vous)*
	L'apostrophe
	Prépositions de lieu
	On = nous
		Verbes pronominaux
		Tu et *vous*
		Articles contractés *au, aux*
		Est-ce que ?
		Qu'est-ce que ?
		Faire, aller à
			Rebrassage et sédimentation des
			    points de grammaire
			    étudiés dans les Dossiers 1 à 5,
			    en particulier :
			    toutes les interrogations, les
			    phrases affirmatives et négatives,
			    les phrases simples juxtaposées
			    ou coordonnées avec *et*

**AGIR ET COMMUNIQUER EN
CLASSE 1**
Enrichissement des échanges
    dans la classe
Reconnaissance d'actes de
    parole et de structures déjà
    mobilisés en classe et à
    réutiliser dans d'autres
    contextes
Exprimer l'obligation
    et l'intention
Temps du futur (sensibilisation)
	[z] de *musique*
	[s] de *samedi*
	[ɛ̃] de *voisin*
		[ʃ] de *cheveux*
		[ø] de *deux*
		[œ] de *voleur*
			**AGIR ET COMMUNIQUER EN
			CLASSE 2**
			Enrichissement des échanges
			    dans la classe
			Reconnaissance d'actes de
			    parole et de structures déjà
			    mobilisés en classe et à
			    réutiliser dans d'autres
			    contextes
			Suggérer, accepter, refuser
			Faire un récit
			Passé composé (sensibilisation)

	Flash lecture sur *oi* Intonations	Flash lecture sur *in* Intonations	

	Préparer un jeu-concours
	    par équipes et jouer
	
	Mener un jeu ou une activité
		Inventer et représenter
		    un sketch
		
		Demander la permission	

	La France géographique Villes et fleuves les plus importants	La France et la francophonie L'Europe	

Réflexion sur l'apprentissage : sections « apprendre à apprendre » et « auto-évaluation » (cahier).

Lexique des Dossiers 1 et 2 Les mois de l'année Les animaux domestiques L'alphabet Les vêtements, les aliments	Adjectifs de couleur Les nombres de 70 à 100 et de 100 à 1000 L'orientation	La maison : meubles et objets Verbes d'action (actions habituelles) Les moments de la journée Les repas principaux	Lexique des Dossiers 1 à 5 Le temps et les saisons Les animaux du zoo

France, la francophonie (5). **Interculture :** langues étrangères, mots internationaux, emprunts culinaires et linguistiques, produits et personnages du monde francophone, célébrités mondiales (0), l'école en France et dans d'autres pays (1), inégalité des chances (1, 2), le tourisme, les cours de langues à l'étranger (2).

INTERDISCIPLINARITÉ
Histoire : personnages (0). **Mathématiques :** calculs (1, 2, 4, 6). **Géographie :** carte de France, pays et capitales (4). **Étude du milieu :** environnement, animaux (3, 6). **Langue :** emprunts, étymologie, mots croisés (0, 1, 2, 3, 6). **Musique, arts plastiques :** chansons, dessins, collages (1, 2, 3, 4, 5, 6). **Littérature :** BD, poèmes, sketches (1, 2, 3, 4, 5, 6).

Tu commences à apprendre le français. Le Dossier 0 va te permettre de...

▸ reconnaître le français et le distinguer d'autres langues.

▸ constater que tu comprends beaucoup de mots français.

▸ commencer à parler en français : te présenter, dire ton nom...

▸ te familiariser avec ton matériel et les consignes de classe.

C'EST UTILE DE PARLER DES LANGUES ÉTRANGÈRES !

ET TOI, QUELLES LANGUES TU PARLES ?

le portugais

l'allemand

l'espagnol   le français

l'anglais   l'italien

l'arabe   le polonais

le russe

le chinois

reconnais
LE FRANÇAIS

TU PARLES D'AUTRES LANGUES ?

 Écoute. Lève la main quand tu entends...

1) compter en français.   2) le nombre en français.   3) les mots en français.

 Observe la carte. Quels mots tu comprends ?

Cafétéria Internationale

Sandwiches	Café
Hamburgers	Thé
Pizzas	Chocolat

Tarte à la crème
Yogourt et miel

 Écoute ces mots en français. Compare avec ta langue.

 **Qu'est-ce que c'est ?** Écoute et reconnais le nom de chaque aliment.

Comment on dit dans ta langue ? C'est très différent ?

qui EST-CE ?

4 **Oui, c'est moi !** Jeu.

A (ferme les yeux)
B (change sa voix et demande) : *Qui est-ce ?*
A (devine) : *C'est...*

L'ÉTAT, C'EST MOI.

comment IL S'APPELLE ?

5 **Il est sourd !** Écoute et lis.

Bonjour, comment tu t'appelles ?

Je m'appelle Édouard.

Comment ?

Je m'appelle Édouard.

Comment ?

ÉDOUARD !

Ah bon ! Tu t'appelles Léonard !

Jouez la scène. Imitez bien les intonations.

comment ELLE S'APPELLE ?

Elle s'appelle
Céline Dion.
C'est une
chanteuse
canadienne.

6 **Apporte des photos
de personnages célèbres.**
Demande : *Comment il / elle s'appelle ?*

L'IDENTITÉ

● Qui est-ce ?
■ C'est...

● Comment il / elle s'appelle ?
■ Il / Elle s'appelle...

● Comment tu t'appelles ?
■ (Moi,) je m'appelle...

ET TOI, COMMENT TU T'APPELLES ?

bonjour !
COMMENT ÇA VA ?

7 **La rencontre de personnages célèbres.** Écoute.

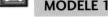

MODÈLE 1 Tintin (A) et Obélix (B) se présentent.

A : Bonjour !
B : Bonjour ! Comment tu t'appelles ?
A : Tintin. Et toi ?
B : Moi, je m'appelle Obélix.
A : Au revoir, Obélix !
B : Au revoir, Tintin !

MODÈLE 2 Cléopâtre (A) et Napoléon (B) se saluent.

A : Bonjour !
B : Ah ! Salut, Cléopâtre ! Comment ça va ?
A : Très bien, Napoléon. Et toi ?
B : Ça va, ça va...
A : Eh bien, au revoir !
B : Au revoir, Cléopâtre !

Choisissez un personnage célèbre. Inventez un dialogue sur le modèle 1 ou 2.

LES SALUTATIONS

● Bonjour !   ● Au revoir !
■ Salut !   ■ Salut !

● Comment ça va ?

■ Très bien !   ■ Comme ci, comme ça.
■ Bien.   ■ Mal !
■ Pas mal.   ■ Très mal !

découvre
TON LIVRE

8 **Dossiers.** Il y a combien de dossiers ?

❸   ❹   ❻   ❼

9 **Sections.** Combien de sections il y a dans les dossiers 1, 2, 4 et 5 ?

❺   ❻   ❼   ❽

10 **Contenus.** Comment s'appelle chaque section ?

11 **Dossiers 3 et 6.** Que se passe-t-il ?

12 **Regarde à la fin du livre.** Qu'est-ce qu'il y a ?

13 **Symboles.** Tu comprends les symboles ?

 Écouter.

 Donner une réponse personnelle.

 Travailler à deux ou plus.

 Mémoriser.

 Découvrir la grammaire à l'oral.

Découvrir la grammaire à l'écrit.

14 **Écoute les consignes.** Mime les actions.

- Tu rencontres Julie.
- Tu découvres des sons inconnus.
- Tu comprends des petits dialogues sur cassette.
- Tu identifies et tu décris des personnes et des objets.

- Tu parles de toi, de tes goûts.
- Tu lis une BD.
- Tu fabriques un poster pour te présenter.
- Tu compares l'école en France et dans d'autres pays.

comment est JULIE ?

Elle est grosse ?

Elle est maigre ?

Elle est laide ?

Elle est petite ?

VOICI JULIE. COMMENT ELLE EST ?

Elle est grande ?

Elle est blonde ?

Elle est rousse ?

Elle est brune ?

LA RENTRÉE

1 **Observe la classe.** Réponds *oui* ou *non*.

1) Il y a neuf élèves.
2) Le professeur est blond.
3) Tous les élèves écoutent le professeur.
4) Un garçon arrive en retard.
5) Une fille lève la main.

2 **Écoute bien.** Réponds.

situation 1

a) Tu entends *Bresson Sébastien* une, deux, trois ou quatre fois ?
b) Sébastien Bresson est sourd ?
c) Tu connais d'autres prénoms français ?

situation 2

a) Qui parle ? Deux filles ou deux garçons ?
b) Quels jours il y a mathématiques ?
c) Et dans ta classe, quels jours il y a maths ?

situation 3

a) Tu entends une, deux ou trois questions ?
b) Comment est la mini-calculette ?
c) Jouez la scène.

3 **Lis et observe l'illustration.**
À quelle situation correspond
chaque dialogue ?

A
- Oh ! Quelle horreur !
  Lundi, maths.
  Mardi, maths.
  Et mercredi, maths.
- Moi, je suis content : j'aime bien les mathématiques.
- Il est fou ! Il aime les maths !

B
- Bernardin, Marion !
- Oui ? C'est moi !
- Bissert, Jérémie !
- Présent !
- Bresson, Sébastien !
  Bresson, Sébastien ! Il est absent ?
- Bonjour, monsieur.
- Bresson, Sébastien ? Hum... en retard ! Ça commence bien, la rentrée !

C
- Qu'est-ce que c'est ?
- C'est une mini-calculette.
- Comment ça marche ?
- Regarde, c'est facile...
- Elle est super !
- Silence !
- Oh là là !

septembre			
	7	14	21	28
1	8	15	22	29
2	9	16	23	30
3	10	17	24	
4	11	18	25	
5	12	19	26	
6	13	20	27	

4 **Écoute.** Voilà Julie.

Salut !
Je m'appelle
Julie.
Aujourd'hui,
c'est la
rentrée.
L'horreur !

LES COPAINS !

Le collège...

La récré !

J'aime le théâtre, la lecture et les voyages exotiques !
Je suis...
une grande imaginative !
Mmm !
Et j'adore la glace
à la pistache !

Qu'est-ce que c'est ?
C'est une calculette.

les professeurs DE JULIE

Mme Grevisse
est le prof
de français.

M. Pascal est
le prof de maths.
Il est génial.

M. Smith est
le prof d'anglais.

Mme Hergé
est le prof
de dessin.

Il est grand.

Elle est rousse
et grosse.
Elle est très
sympa.

Elle est brune
et elle est
très belle !

Il est roux,
grand et maigre.

1 **Voilà les professeurs préférés de Julie.**
Trouve le nom et la description qui correspondent à chaque professeur.

2 **Écoute les descriptions de Julie.**
 Vérifie tes réponses.

3 **Qui est-ce ?**
Décris un copain / une copine.

 Exemple :
A : Il / Elle est... Qui est-ce ?
La classe (devine) : C'est...

LE GENRE DES ADJECTIFS

a) Tu vas entendre des adjectifs au masculin et au féminin. Écoute bien les terminaisons. Il y a une différence ?

b) Écoute les adjectifs suivants. Il y a une différence entre le masculin et le féminin ?

c) Maintenant, observe. Quelle est la différence ?

il est	elle est	il est	elle est
grand	grande	maigre	maigre
petit	petite	horrible	horrible
blond	blonde	sympathique	sympathique

Observe. Le masculin et le féminin de certains adjectifs sont très différents.

il est	gros	roux	beau	fou
elle est	grosse	rousse	belle	folle

ÊTRE
au singulier

je suis
tu es
il / elle est

ET TOI, COMMENT TU ES ?

les copains DE JULIE

> Voilà mes meilleurs copains, Samir, Élodie et Julien.

 1 **Écoute.** Julie te présente ses meilleurs copains.

> Là, c'est Élodie, ma meilleure copine. Elle aime le foot. C'est une sportive.

Ici, c'est Samir.
Il aime les maths.
Il déteste les BD.
C'est un cérébral.

Et voilà Julien.
C'est un excentrique.
Il adore le collège !

2 **Regarde la liste.** Imagine les autres goûts de Samir, d'Élodie et de Julien.

le basket les vacances
le cinéma la gym la musique
le sport les contrôles
les problèmes de maths la piscine
les excursions la télé
les copains
les pizzas les musées
les films d'horreur
les jeux vidéo les animaux
la récré la lecture
les reportages sur la nature
les professeurs le théâtre
les ordinateurs les boas
les plantes carnivores

LES VERBES EN -*ER*

 a) Écoute les verbes *aimer*, *adorer* et *détester* aux 3 personnes du singulier. Il y a une différence ?

 b) Maintenant, observe l'écrit. Il y a une différence ?

aimer	adorer	détester
j'aime	j'adore	je déteste
tu aimes	tu adores	tu détestes
il / elle aime	il / elle adore	il / elle déteste

> Les verbes ! Toujours les verbes !

ET TOI ? QU'EST-CE QUE TU ADORES ? QU'EST-CE QUE TU DÉTESTES

3 **Tu connais ton meilleur copain / ta meilleure copine ?** Quels sont ses goûts ?
Qu'est-ce qu'il / elle aime ? • Qu'est-ce qu'il / elle adore ? • Qu'est-ce qu'il / elle déteste ?

le sac
DE JULIE

une équerre   un effaceur   un feutre

⑩

⑨

une règle

⑪

① un bâton de colle

⑦ ••••• une trousse

⑧

② une sucette

③

un chewing-gum

⑫ un cahier

⑬ un stylo-bille

un taille-crayon

⑥

④ une calculette

une clé

⑤

⑭ un classeur

⑮

un crayon

⑯

⑱

⑰

un livre

⑲

un compas   un stylo-plume   une gomme

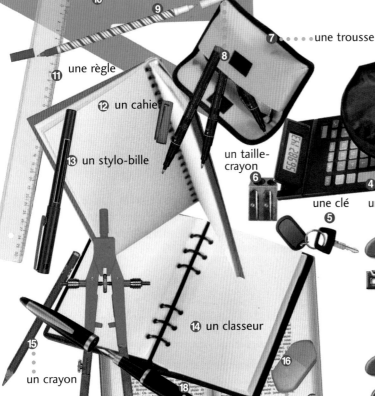

1 **Écoute.** Trouve le numéro qui correspond à chaque objet.

Exemple :
Cassette : Un feutre.
La classe : Numéro 8.

2 **Qu'est-ce que c'est ?** Choisis un objet du sac de Julie et pose la question à un(e) camarade.

Exemple :
A : Le 11, qu'est-ce que c'est ?
B : C'est une règle.

3 **Regarde le sac de Julie.**
Trouve trois mots qui commencent par la lettre « c », deux mots par la lettre « t » et un mot par la lettre « g ».

L'ARTICLE DÉFINI

a) Tu vas entendre des mots masculins et féminins au pluriel. Écoute bien l'article qui les accompagne. Il y a une différence ?

b) Maintenant, écoute le masculin singulier et le masculin pluriel. Il y a une différence ?

c) Écoute encore et lève la main quand tu entends l'article masculin singulier.

	singulier	pluriel
masculin	le	
		les
féminin	la	

L'ARTICLE INDÉFINI AU SINGULIER

a) Écoute la différence entre le masculin et le féminin.

b) Maintenant, lève la main quand tu entends le féminin.

masculin	féminin
un	une

Observe la différence.

C'est un sac.
C'est une règle.

C'est le sac de Julie.
C'est la règle de Julie.

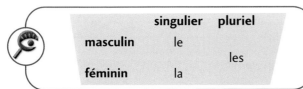

Les jours de la semaine

Écoute et lis. Accentue sur le rouge.

Lundi, je suis gentil.
Mardi, je suis poli.
Mercredi, moi, je revis !
Jeudi, je m'ennuie.
Vendredi, ça suffit !
Samedi, ouf ! C'est fini !
Dimanche, je ris et je danse !

AUJOURD'HUI, C'EST QUEL JOUR ?
C'EST LE...

QUEL EST TON JOUR DE LA SEMAINE PRÉFÉRÉ ?

Pas facile à dire !

Écoute et lis.

*Léon et Gaston dansent au son
Des flonflons de l'accordéon.*

a) Quels mots tu connais avec le son [ɔ̃] ?

Exemple : crayon

Jeudi, je joue avec Jackie et la jolie Josie.

b) Quels mots tu connais avec le son [ʒ] ?

Exemple : janvier

Les nombres

Écoute et chante !

1 un	5 cinq	9 neuf	13 treize	17 dix-sept	21 vingt et un
2 deux	6 six	10 dix	14 quatorze	18 dix-huit	22 vingt-deux
3 trois	7 sept	11 onze	15 quinze	19 dix-neuf	...
4 quatre	8 huit	12 douze	16 seize	20 vingt	30 trente !

Devinettes !

a) Quel est le mois où l'on mange le moins ?   **b) Où samedi vient-il avant vendredi ?**

1 **Réponds.** Vrai ou faux ?

1) Julie Star est blonde et belle.
2) Julie répond à toutes les questions de ses admirateurs.
3) Julie déteste les limousines.
4) Julie est en retard.
5) Julie aime le collège.

2 **Écoute.** Relis la BD.

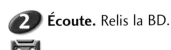

3 FLASH LECTURE

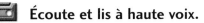 **Écoute et lis à haute voix.**

1) S'il te plaît.
2) Qu'est-ce que tu aimes dans la vie ?
3) J'aime les voyages exotiques.

4 **Lecture dramatisée.** Imitez les intonations.

OUI, C'EST MOI !

1 **Pour faire un poster de présentation :**

- Découpe dans une revue ou un journal un personnage que tu aimes bien (original, comique, sympathique...) ou dessine un personnage de ton invention.
- Remplace le visage du personnage par une photo de toi.
- Colle ce nouveau personnage sur une feuille de papier à dessin.
- Fais parler ton personnage en utilisant des bulles.
- Remplis les bulles avec les informations suivantes :

Tu ne connais pas un mot ?
Cherche dans le dictionnaire.
Demande à ton professeur
ou à un(e) camarade.

Je m'appelle...
J'aime...
J'adore...
Je déteste...
Je suis...

**GRANDE
EXPOSITION
DE TOUS LES
POSTERS**

PRIX !!!
**ORIGINALITÉ
PRÉSENTATION**

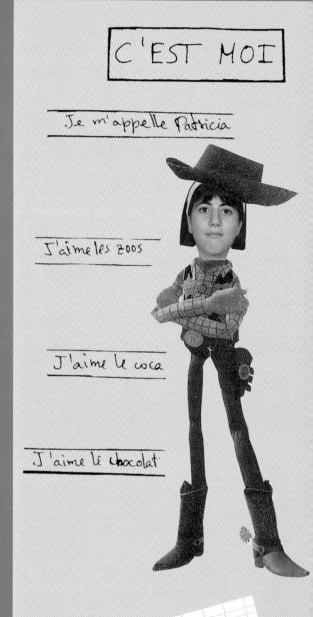

C'EST MOI

Je m'appelle Patricia

J'aime les zoos

J'aime le coca

J'aime le chocolat

2 **Présente un(e) de tes camarades en te servant de son poster.**

3 **Affiche ton poster dans la classe et propose un titre pour cette grande exposition. Par exemple :**

ELLE EST SUPER, LA CLASSE DE 5ᵉ A !

COMMUNIQUER EN CLASSE

Tu ne comprends pas. Tu dis :
– Vous pouvez répéter, s'il vous plaît ?
– Je ne comprends pas.

Tu ne connais pas un mot. Tu dis :
– Comment on dit (...) en français ?

L'ÉCOLE, COMMENT EN FRANCE

1 LES FRANÇAIS CHANGENT D'ÉCOLE

En France, on change d'établissement à chaque étape : école primaire, collège, lycée. On doit se refaire des ami(e)s et s'habituer à un nouveau cadre. C'est dur !

C'est quel moment de l'année scolaire ?

2 LE SYSTÈME SCOLAIRE

École maternelle	(3-6 ans)
École primaire	(6-11 ans)
Collège	
6e	(11-12 ans)
5e	(12-13 ans)
4e	(13-14 ans)
3e	(14-15 ans)
Lycée	
2de	(15-16 ans)
1ère	(16-17 ans)
Terminale	(17-18 ans)

Compare avec le système scolaire de ton pays.

3

LES GRANDS : EN 11e OU EN 1re ?

Le système français ordonne les classes de la 11e à la terminale. Dans les autres pays, c'est dans l'autre sens : de la 1re année à la 10e, 11e ou 12e.

Ils sont dans un collège ou dans un lycée ?

ET DANS D'AUTRES PAYS

5 En France, les élèves sont notés sur 10 ou sur 20. D'autres pays, comme les États-Unis, utilisent des lettres : de A à F. En Allemagne, les notes vont de 1 à 6 : 1 veut dire « très bien », et 5 « insuffisant ».

Lis les articles 5, 6 et 7. Quel titre correspond à chacun ?

a) « Vive les langues ! »
b) « Noter avec des lettres ou avec des chiffres. »
c) « Belgique : Éducation routière. »

7 Aux Pays-Bas, on apprend très tôt les langues étrangères. Au Luxembourg, les enfants parlent dès leurs premières années d'école trois langues différentes : français, allemand et luxembourgeois. Les Français ont quelques progrès à faire.

4 LA 5ᵉ : UN EMPLOI DU TEMPS CHARGÉ !

- 5 heures 30 de français.
- 4 heures de mathématiques.
- 1 heure 30 de sciences de la vie et de la terre (SVT).
- 4 heures de langue vivante.
- 2 heures d'histoire-géographie, avec une initiation à l'économie.
- 2 heures de technologie, pour vous initier à l'informatique, la mécanique, l'électronique...
- 2 heures d'enseignement artistique (musique et arts plastiques).
- 1 heure d'éducation civique.
- 3 heures d'éducation physique et sportive (EPS).
- 2 heures pour « apprendre à apprendre », pour mieux organiser votre travail et votre temps.

Calcule le nombre d'heures de cours par semaine dans cet emploi du temps. Imagine ton emploi du temps idéal.

Regarde la photo. Ces élèves sont en cours de quoi ?

En 5 minutes, trouve dans les articles 1, 2, 3 et 4 le maximum de mots se référant à l'école.

7 En Belgique, il y a peu de sciences et d'histoire-géo. En revanche, l'éducation routière est une matière obligatoire à partir de l'école primaire. On y apprend la signification des panneaux et les rudiments du code de la route.

8 ## LES ENFANTS PRIVÉS D'ÉCOLE

La Déclaration Universelle des Droits de l'Homme affirme :
L'ÉDUCATION EST UN DROIT POUR TOUS

Mais...

Un habitant de la planète sur cinq ne sait ni lire ni écrire. Et 130 millions d'enfants sont privés d'école.

Textes 1, 3, 5, 6, 7 et 8 adaptés de Landry F., « L'école à travers le monde » Mikado n° 151, Milan Presse, mai 1996

Tu Sais...

Te présenter et présenter quelqu'un.

1 Dis...

1) comment tu t'appelles.
2) comment s'appelle ton voisin / ta voisine.
3) comment s'appelle ton prof de français.

> ▸ Verbe *s'appeler* au singulier
> ▸ Noms et prénoms

Décrire et caractériser une personne.

2 Dis...

1) comment est Julie (décris son physique et son caractère).
2) comment est M. Pascal.
3) comment tu es.

3 Utilise *il* ou *elle*.

1) (...) est blonde et grosse.
2) (...) est fou !
3) (...) est très, très petite.
4) (...) est très sympathique !

> ▸ Adjectifs au masculin et au féminin
> ▸ Verbe *être* au singulier

Identifier une personne ou un objet.

4 Nomme 6 objets de la classe.

> ▸ Vocabulaire de la classe

5 Trouve la question et réponds.

1)
2)
3)
4)

> ▸ *Qui est-ce ? C'est* + (personne)
> ▸ *Qu'est-ce que c'est ? C'est un / une* + (objet)
> ▸ Articles indéfinis *un, une*

Exprimer tes goûts.

6 Réponds.

1) Qu'est-ce que tu adores ? ♥ ♥
2) Qu'est-ce que tu détestes ? ♥ ♥

> ▸ Verbes en *-er* au singulier
> ▸ Articles définis *le, la, les*

Indiquer une quantité.

7 Indique le nombre des...

1) filles de la classe.
2) garçons de la classe.
3) pages du dossier 1.

> ▸ Nombres de 0 à 30

Demander de l'aide en classe.

8 Tu entends une phrase difficile. Qu'est-ce que tu dis ?

1) Répétez, s'il vous plaît.
2) C'est bien.
3) Comment on dit (...) en français ?
4) Je ne comprends pas.

- ▶ Tu arrives au camping « Le Paradis ».
- ▶ Tu parles de ta famille.
- ▶ Tu commences à savoir exprimer des émotions.
- ▶ Tu peux enfin dire non !
- ▶ Tu compares des sons proches.
- ▶ Tu chantes « Le miroir ».
- ▶ Tu présentes en groupe une famille imaginaire.
- ▶ Tu découvres comment les jeunes Français passent leurs vacances.

qu'est-ce qu'il FAIT ?

Il écoute la radio.   Il danse.   Il saute.   Il glisse...   Il tombe !

qu'est-ce qu'elle FAIT ?

Elle regarde la lune.   Elle pleure.   Elle pense.   Elle téléphone.   Elle chante.

Écoute et mime les deux séquences.
Invente une autre séquence.

VIVE LE CAMPING !

la mère

le grand-père

le père

la grand-mère

le fils

la fille

1 La famille Delajambe passe
le week-end dans un camping avec
la famille Musculus et la famille Tatou.
Deux membres de chaque famille sont
identifiés. Retrouve les autres.

2 Il y a 10 nombres cachés dans
le camping. Trouve-les !

3 Observe le camping. Réponds *oui* ou *non*.

1) Monsieur Delajambe mange un sandwich.
2) Madame Delajambe parle avec monsieur
   Musculus.
3) La fille de madame Musculus pleure.
4) Monsieur Tatou prépare des spaghettis.
5) Madame Musculus joue à la pétanque.
6) Le fils et la fille de monsieur Tatou
   chantent et dansent.

4 **Qu'est-ce qu'il y a au camping ?**
Regarde le tableau et réponds.

Exemples :

    Il y a une piscine climatisée.
    Il y a un restaurant.
    Il y a des zones ombragées.

> ## CAMPING LE PARADIS
> ### Ouvert du 15 avril au 15 novembre
>
> – piscine climatisée
> – restaurant
> – zones ombragées
> – supermarché
> – cafétéria
> – bungalows
> – courts de tennis
> – compétitions sportives
>
> – aires de jeux
> – terrain de pétanque
> – activités d'animation
>   pour enfants le samedi
>   et le dimanche
> – BAL le samedi avec
>   le groupe « Sandales Sales »

5 **Écoute.** Observe les dessins et réponds.

situation 1

a) De qui parle le garçon ?
   Tu penses qu'il exagère ?

b) Parle de ta famille
   en imitant ce garçon.

situation 2

a) Réponds.
   • De qui elles parlent ?
   • Quel âge il a ?
   • Qu'est-ce qu'il aime ?

 b) Jouez la scène.

situation 3

a) La personne qui parle est contente ?

 b) Jouez la scène.
   A (proteste) : *Ce camping est une catastrophe !*
   B (mime les gestes de l'employé)

6 **Lis.** À quelle situation correspond chaque dialogue ?

A
● Oh ! Qu'il est beau !
■ Merci.
● Quel âge il a ?
■ Dix-huit mois.
● Il a des yeux splendides !
■ Oui, comme sa maman !
● Et il mange bien ?
■ Oh, c'est un petit
  capricieux ! Il adore
  les glaces ! Mon chéri,
  dis bonjour à la dame.
✦ Waf ! Waf !
■ Oh ! Il est adorable !

B
● Mon père, il est
  directeur de Packintosh.
  Ma mère, elle travaille
  à Interpol.
  Ma grand-mère est
  candidate au prix Nobel
  de littérature.
  Mes frères sont champions
  de natation.
  Ma sœur est un as
  du tennis...
■ Alors, tu es le seul idiot
  de la famille ?

C
● Ce camping est une
  catastrophe !
  Les douches
  ne marchent pas.
  Les toilettes sont sales.
  Mes voisins chantent
  et dansent toute la nuit.
  Il y a des moustiques,
  des mouches...
  Et vous appelez ça
  camping « Le Paradis » ?!

album DE FAMILLE

❶

 1 **Observe les photos de l'album de Victor.**
Écoute et lis les présentations. Quelle photo
correspond à chaque description ?

Cousine Géraldine est actrice. Elle a 47 ans. Elle est excentrique.

Oncle Ferdinand. Il est explorateur. Il a 52 ans.
C'est un passionné de la nature.

Gaston, <u>mon</u> grand **frère**. Il a 20 ans.
Il est chanteur de rock.

❷

Charlotte et Léa, <u>mes</u> petites **sœurs**
jumelles. Elles sont adorables.

<u>Mon</u> **père** : il est coiffeur. C'est un artiste.
Il a 43 ans.

❸

<u>Ma</u> **mère**. Elle a 39 ans. Elle est
interprète, elle parle sept langues !

Tante Ursule. Elle a 69 ans. C'est
la millionnaire de la famille.

<u>Mes</u> **grands-pères**, Jules et Marcel.
Ils sont très copains.

LES ADJECTIFS POSSESSIFS

2 **Quel âge a... ?** Demande à ton voisin / ta voisine
l'âge des différents membres de la famille de Victor.

Exemple :
A : Quel âge a son frère Gaston ?
B : Il a 20 ans.

Observe les adjectifs possessifs employés par
Victor : **mon** frère, **mes** sœurs, **ma** mère.

a) **Ma** précède un nom féminin ?
b) **Mes** précède seulement des noms masculins
au pluriel ?
c) Et **mon**, qu'est-ce qu'il précède ?

ÊTRE

3e personne du singulier

Il <u>est</u> chanteur.
Elle <u>est</u> interprète.

3e personne du pluriel

Ils <u>sont</u> très copains.
Elles <u>sont</u> adorables.

AVOIR
au singulier

j'ai
tu as
il / elle a

ET TOI ?
QUEL ÂGE TU AS ?
TU AS DES FRÈRES ?
TU AS DES SŒURS ?

4

5

7

6

8

3 **Concours.** Par équipes de 4 ou 5, cherchez cinq questions à poser sur la famille de Victor.

Exemple :
Comment s'appelle son oncle ?

LES ADJECTIFS POSSESSIFS

	masculin		féminin	
singulier	mon		ma	
	ton	cousin	ta	cousine
	son		sa	
pluriel	mes		mes	
	tes	cousins	tes	cousines
	ses		ses	

4 **À toi !** Parle de ta famille.

- Ma (...) s'appelle (...).
  Elle a (...) ans.
  Elle est (...).

- Mon (...) s'appelle (...).
  Il a (...) ans.
  Il est (...).

LE PLURIEL

a) Voici des mots masculins et féminins au pluriel. Écoute bien l'adjectif possessif qui les accompagne. Il y a une différence ?

b) Compare avec les articles au pluriel que tu connais. Quel son indique le pluriel ?

c) Écoute encore et lève la main quand tu entends le pluriel.

d) Observe.

> Mes frères sont petits.
> Les douches sont grandes.
> Il y a des moustiques.
> Ils sont très copains.

Quelle est la lettre qui indique le pluriel à la fin de ces mots ? Tu prononces cette lettre ?

une journée AU CAMPING

1 Observe. Que fait chaque personnage ?

Exemple :
Le père saute à la corde.

10 h 00

2 Et maintenant ? C'est différent ?

Exemple :
Oui. Le père ne saute pas à la corde, il regarde la télé.

21 h 00

LES VERBES EN -ER

a) Écoute le verbe *regarder* aux 3 personnes du singulier et à la 3ᵉ personne du pluriel. Il y a une différence ?

LA FORME NÉGATIVE

Je <u>ne</u> saute <u>pas</u>.
Tu <u>ne</u> joues <u>pas</u>.
Il <u>n'</u>écoute <u>pas</u>.
Elle <u>ne</u> mange <u>pas</u>.
Ils <u>ne</u> pleurent <u>pas</u>.
Elles <u>ne</u> téléphonent <u>pas</u>.

b) Maintenant, observe l'écrit. Il y a une différence ?

regarder
je regarde
tu regardes
il / elle regarde
ils / elles regardent

5 Le miroir

Écoute et chante !

Une tête,
Deux jambes,
Un nez,
Deux yeux,
Deux pieds,
Deux cuisses,
Et deux oreilles.
Une bouche,
Deux bras,
Deux mains,
Dix doigts.
Quel monstre !
Qui est-ce ?
C'est moi !

6 Jeune ou vieux ?

Écoute et lis.

Quel âge tu as ?
Demande Flora.
J'ai soixante ans,
Répond Fernand.
Et ton frère Christian ?
Oh, il est jeune !
Il a cinquante ans.

7 Les nombres

Écoute et chante !

30 trente
31 trente et un
32 trente-deux
•••
40 quarante
41 quarante et un
42 quarante-deux
•••
50 cinquante
51 cinquante et un
52 cinquante-deux
•••
60 soixante !

Quels mots contiennent le son [ã] ?

Exemple : soixante

8 Pas facile à dire !

Écoute et lis.

- • *Salut, Lulu, comment vas-tu ?*
- ■ *Mais tu es fou ! Moi, je m'appelle Loulou !*

a) Quels mots tu connais avec le son [y] ?

Exemple : tu

b) Quels mots tu connais avec le son [u] ?

Exemple : cousine

1 Réponds. Vrai ou faux ?

1) Marc est en forme.
2) Son père et sa mère sont inquiets.
3) Sa mère appelle le médecin.
4) Sophie est une amie de la maman de Marc.
5) Marc est malade.
6) Marc est amoureux.

2 Écoute. Relis la BD à haute voix.
Imite les intonations.

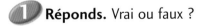

3 FLASH LECTURE — pas

Écoute.

1) Il ne parle pas.
2) Il ne mange pas.
3) Il ne regarde pas la télé.
4) Je ne sais pas.
5) Je ne suis pas malade.

a) Lis à haute voix. Insiste sur le pas.
b) Tu lis pas. Tu prononces le « s » final ?

LA FAMILLE EN ACTION !

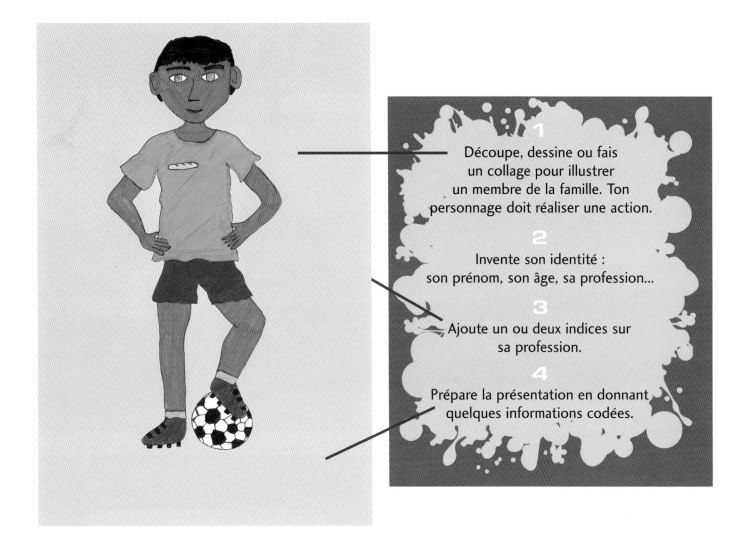

1 Découpe, dessine ou fais un collage pour illustrer un membre de la famille. Ton personnage doit réaliser une action.

2 Invente son identité : son prénom, son âge, sa profession...

3 Ajoute un ou deux indices sur sa profession.

4 Prépare la présentation en donnant quelques informations codées.

COMMUNIQUER EN CLASSE

Tu n'as pas ton matériel. Tu dis :

– *Je n'ai pas mon livre.*

– *Je ne trouve pas ma gomme.*

– *Qui a un stylo ?*

– *Passe-moi une feuille.*

– *Merci beaucoup !*

5 Collez les personnages sur une grande feuille de papier.

6 Recopiez les informations codées.

7 La classe trouve la solution.

grande exposition de tous les posters !

En Vacances

Partir en Famille

LOTO STATISTIQUE

1 **Où vont les familles françaises en vacances ?**

- À la mer.
- À la montagne (sans compter les sports d'hiver).
- À la campagne.
- En ville.
- Divers circuits.

27,6%

32,2%

9,2%

19,2%

11,8%

2

a

b

c

d

1) Famille « nature » : vive la marche, l'air pur et les produits de la ferme !
2) Famille « aventure » : le stop, le raft ou la bicyclette, tout est bon pour faire un circuit insolite !
3) Famille « sans surprise » : plage, soleil, bronzage à tout âge.
4) Famille « culture » : de musée en musée, de châteaux en monuments.

Partir Seul/e

3 LES VACANCES SCOLAIRES

- Vacances de la Toussaint : 10 jours
- Vacances de Noël : 15 jours
- Vacances d'hiver : 15 jours
- Vacances de printemps : 15 jours
- Les vacances d'été : 2 mois

4 LES COLONIES DE VACANCES

La formule préférée en FRANCE pour passer des...

VACANCES SPORTIVES
Équitation, tennis, escalade, rafting... Les jeunes adorent !

VACANCES SCIENTIFIQUES
Pour les petits curieux qui aiment l'archéologie, l'astronomie, la robotique...

VACANCES LINGUISTIQUES
Pour apprendre une langue, connaître un pays, faire du sport...

VACANCES NOMADES
Circuits, itinéraires et camps pour les petits et les grands aventuriers !

Chaque année, 1.600.000 jeunes partent en colonie de vacances.

5 ILS NE PARTENT PAS

En moyenne, 30 % des enfants de moins de 13 ans ne partent pas en vacances. C'est le cas d'Henri...

« J'ai beaucoup de copains qui partent. Moi, je vais jouer dehors avec ceux qui restent. Je fais mes devoirs de vacances. Parfois je m'ennuie, car c'est long, deux mois... »

Textes 1, 2 et 4 adaptés de Gascoin P.,
« Ils te racontent leurs vacances »,
Mikado n° 153, Milan Presse, juillet 1996.

Demander et donner des informations sur une personne.

1 Réponds.

1) Comment s'appellent les membres de ta famille ?
2) Présente une personne que tu aimes bien. Dis...
   - qui c'est.
   - son nom.
   - son âge.
   - sa profession.

> ▸ **Adjectifs possessifs (un possesseur)**
> ▸ **Verbe** *avoir* **au singulier**
> ▸ ***Il / Elle est* + (profession)**
> ▸ **Vocabulaire de la famille**
> ▸ **Les nombres de 0 à 69**

Décrire plusieurs personnes.

2 Parle des sœurs Bonnemine.

Voilà les (...) de Victor. Elles s'appellent Charlotte et Léa. Elles (...) jumelles. Elles (...) petites. Elles sont (...).

> ▸ **Verbe** *être* **au pluriel**
> ▸ **Le pluriel**

Énumérer.

3 Qu'est-ce qu'il y a au camping « Le Paradis » ?

Il y a (...) bungalows, (...) supermarché, (...) piscine énorme, (...) douches. Et il y a aussi (...) courts de tennis et (...) grand restaurant.

> ▸ **Articles indéfinis** *un, une, des*
> ▸ ***Il y a***

Nier quelque chose.

4 Réponds.

1) Tu parles javanais ?
2) Tu danses le zibroko ?
3) Tu téléphones au président de la République ?

> ▸ **Forme négative :** *ne* + (verbe) + *pas*

Décrire des actions.

5 Décris ce que fait chaque personnage.

> ▸ **Verbes en** -*er* **au singulier et à la 3ᵉ personne du pluriel**

Communiquer en classe.

6 Tu n'as pas ton matériel de classe. Qu'est-ce que tu dis ?

1) C'est à quelle page ?
2) Passe-moi une feuille.
3) C'est fini ?
4) Qui a une règle ?
5) Je ne trouve pas ma trousse.

- ▸ Tu réutilises tout ce que tu as appris dans les Dossiers 1 et 2.
- ▸ Tu écoutes des conversations nouvelles et tu comprends tout.
- ▸ Tu parles et tu joues en français avec tes camarades.
- ▸ Tu apprends à dire la date et tu parles de tes animaux préférés.

les 12 mois
DE L'ANNÉE

Écoute et chante !

1. JANVIER
2. FÉVRIER
3. MARS
4. AVRIL
5. MAI
6. JUIN
7. JUILLET
8. AOÛT
9. SEPTEMBRE
10. OCTOBRE
11. NOVEMBRE
12. DÉCEMBRE

Aujourd'hui, c'est quel jour ? C'est le…
Quelle est la date d'aujourd'hui ? C'est le…

C'est quand, ton anniversaire ? C'est le…
Mon anniversaire, c'est le…

LE JARDIN DE

LA FONTAINE

1 **Regarde les personnages.**
Trouve le maximum d'actions différentes.

Exemple : N° 21 - Il mange une glace.

2 **Cherche bien !**
Il y a 10 personnages cachés dans ce jardin. Nomme la partie du corps qui est visible.

Exemple : Il y a une jambe.

3 **Observe la planche.** Trouve le maximum de mots avec le son [õ] de *crayon* et [ã] de *cinquante*.

4 **Qui est-ce ?**
Choisis un personnage.
Tes copains devinent qui c'est, tu réponds par *oui* ou par *non*.

Exemple : • *C'est une fille ?*
■ *Oui, c'est une fille.*
■ *Non, ce n'est pas une fille.*

5 **Qui dit quoi ?**
Écoute ces mini-conversations.
Qui parle ? Comment est cette personne ?

6 **Bonjour !**
Deux personnages se rencontrent.
Jouez la scène.

Un petit trou de mémoire ?

Tu peux revoir :

• Les adjectifs, page 12
• Les verbes, pages 21 et 26
• Les parties du corps, page 27

une grande PASSION

Laure adore les animaux. Elle a une tortue, un chien, des hamsters, une petite chatte, un vieux perroquet et un serpent. Sa mère aussi adore les animaux !

Regarde. Laure te présente ses amis.

> Là, c'est Fidji, ma tortue. Elle aime le footing. C'est une sportive... Et elle adore les tomates.

Là, c'est Frank et Einstein, mes 2 hamsters. Ils sont très copains. Ils adorent dormir. Ils sont très timides.

Voilà Taba, ma chatte. Elle est petite et intelligente. Elle regarde la télé avec moi. Elle déteste les films d'horreur.

Coco, mon perroquet, ne parle pas. Il chante. Il adore l'opérette. C'est un excentrique...

Voilà mon chien. Il s'appelle Tac. Il est jeune, il a 6 mois. Il est complètement fou.

Et voilà Gigi, mon serpent. Il danse la samba et le cha-cha-cha. Il est très sympa.

TU AIMES LES ANIMAUX ?   QUEL EST TON ANIMAL PRÉFÉRÉ ?   TU AS UN ANIMAL À LA MAISON ?

agir et communiquer en classe 1

1. J'ai fini !
2. J'ai oublié mon livre.
3. On va faire l'exercice, page 19.
4. Attention ! Il ne faut pas copier !
5. Qui veut passer au tableau ?
6. Qu'est-ce qu'on va faire aujourd'hui ?
7. Je ne comprends pas. Vous pouvez répéter ?
8. Taisez-vous, s'il vous plaît.
9. Prenez le cahier.
10. Excusez-moi, je suis en retard.
11. Prête-moi ton stylo-plume.
12. Qu'est-ce qu'il faut faire ?
13. Effacez le tableau, s'il vous plaît.
14. Quelle est la date d'aujourd'hui ?
15. Silence ! On va commencer.
16. On ne va pas écouter la chanson.
17. Je peux aller aux toilettes ?
18. Qu'est-ce que ça veut dire ?

---

1 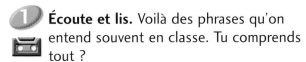 **Écoute et lis.** Voilà des phrases qu'on entend souvent en classe. Tu comprends tout ?

2 **Écoute.** Trouve le numéro qui correspond à la phrase que tu entends.

3 **Qui dit quoi ?** Normalement, qui prononce ces phrases ? Le professeur ? L'élève ?

4 **À toi de lire !** Choisis un numéro et demande à un copain / une copine de lire la phrase correspondante.

5 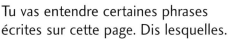 **Écoute attentivement ces microconversations.** Tu vas entendre certaines phrases écrites sur cette page. Dis lesquelles.

JEU : "JACQUES A DIT..."

 Écoute les consignes du professeur.

Vous allez vous mettre en cercle et je vais vous donner des ordres. Attention ! il faut seulement exécuter les ordres précédés de « Jacques a dit… », sinon, vous serez éliminés.
Exemple :
Jacques a dit : « Mettez une main sur la tête ! » (Il faut exécuter l'ordre.)
 « Levez une jambe. » (Il ne faut pas l'exécuter.) Etc.

Tu veux jouer à « Jacques a dit… » ? Écoute les consignes du professeur. Qu'est-ce qu'il faut faire ? Qu'est-ce qu'il ne faut pas faire ?

Prends la place du professeur et fais jouer la classe.

Écoute et mémorise !

Demain, fête chez Romain

Bruno va faire un gâteau,
Juliette fera une omelette
Et Denis une salade de riz.
Et les cacahouètes ?
C'est Antoinette.
Et les jus de fruits ?
C'est Sophie.

A, B, C, D, L'ALPHABET

A, B, C, D, des baskets cassées.
E, F, G, H, le pull a des taches.
I, J, K, L, la jupe n'est pas belle.
M, N, O, P, la veste déchirée.
Q, R, S, T, un pantalon troué.
U, V, W, je suis préoccupé.
X, Y, Z, la mode est très laide !

Trouve dans cette page le maximum d'expressions qui indiquent la notion de futur.

- Tu cherches des vers à soie sur une image.
- Tu indiques la couleur d'un objet.
- Tu participes à un concours.
- Tu vérifies tes connaissances sur la France.
- Tu écoutes un message de *Radio Verte*.
- Tu défends la planète Terre avec des slogans.
- Tu sais poser des questions sur le lieu, la cause et la quantité.
- Tu sais déjà compter jusqu'à…
- Tu prononces des sons proches.
- Tu apprends à te situer sur la carte de France.

où SONT-ILS ?

La boîte de vers à soie est vide.
Où se trouvent exactement les vers à soie ?

QUELLE EST TA COULEUR PRÉFÉRÉE ?

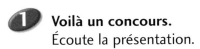

LA FRANCE EN

1 **Voilà un concours.**
Écoute la présentation.

 **situation 1**

Salut tout le monde ! Aujourd'hui, nous avons le plaisir de présenter les deux équipes finalistes de notre grand concours européen : « La France en 80 questions » !
L'équipe espagnole : *Les Tigres Rouges* !
Et l'équipe italienne : *Les Panthères Bleues* !
Vous êtes prêts ? Oui ?
Alors, nous commençons !

2 **Lis les questions du concours dans les situations 2 et 3.** Réponds avant d'écouter les deux équipes.

3 **Maintenant, écoute le concours.**
Vérifie tes réponses.

Calcule ton score : chaque bonne réponse, 25 points.

 **situation 2**

- *Les Tigres Rouges*, quelle enveloppe préférez-vous ?
- La bleue.
- Très bien. « Civilisation ».

QUESTION N° 1

Quelles sont les couleurs du drapeau français ?

- vert - blanc - rouge
- bleu - jaune - vert
- bleu - blanc - rouge

QUESTION N° 2

Combien de kilomètres séparent Toulouse de Paris ?

- 300
- 500
- 700

LES ENVELOPPES SECRÈTES

Civilisation
Géographie
Grammaire et Orthographe
Sports

80 QUESTIONS

QUESTION N° 3

Pourquoi le 14 juillet est un jour férié ?

- Parce que c'est la fête nationale.
- Parce que c'est la Saint-Jean.
- Parce que c'est la fête du Travail.

BRAVO ! Vous êtes très forts !
Voici la dernière question !

QUESTION N° 4

Quel est l'auteur du livre *Le tour du monde en 80 jours* ?

- Alexandre Dumas
- Jules Verne
- Victor Hugo

Bon. 75 points. Un excellent résultat !
Nous félicitons *Les Tigres Rouges* !

Comment on prononce
les mots en rouge ?
Quel candidat ?
Quels candidats ?
Quelle question ?
Quelles questions ?

 situation 3

- *Les Panthères Bleues*, à vous de jouer !
  Attention ! Quelle enveloppe prenez-vous ?
- La verte.
- L'enveloppe verte. « Sports » !

QUESTION N° 1

Où se trouve le stade *Le Parc des Princes* ?

- à Marseille
- à Paris
- à Nantes

QUESTION N° 2

Quelle est l'épreuve cycliste la plus importante en France ?

- Le Tour
- La Tour
- La Tournée

QUESTION N° 3

Quel est le nom du principal tournoi de tennis français ?

- Wimbledon
- Roland-Garros
- Coupe Davis

QUESTION N° 4

De quelle couleur est le maillot du *Paris Saint-Germain* ?

- rouge et blanc
- rouge et vert
- rouge et jaune

C'EST INCROYABLE ! Les deux équipes
ont le même résultat : 75 points !
Qui sera l'équipe gagnante ? Regardez
Antenne 7, le samedi 28 !

QUEL EST TON SCORE ?

radio VERTE

Ici, Radio Verte, la radio des Jeunes Écologistes, 100 FM.

Vous <u>avez</u> de 13 à 16 ans...
Vous <u>aimez</u> la nature,
vous <u>adorez</u> les animaux.

Nous <u>sommes</u> l'association
« L'Oiseau Bleu ».
Nous <u>organisons</u> des activités,
des excursions, des ateliers,
des conférences...

Si vous <u>êtes</u> intéressés,
téléphonez au 03 89 61 83 24
ou **écrivez** à « L'Oiseau Bleu »,
334 rue des Cigognes,
68100 Mulhouse.

*C'EST IMPORTANT,
POUR NOUS ET POUR VOUS !*

1  **Écoute *Radio Verte*.** Lis le message en imitant les intonations.

2 **Relis le message radio.** Retrouve toutes les liaisons.

3 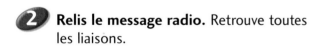 **Par groupes de deux, inventez un message pour *Radio...*** Utilisez les mots soulignés.

LES LIAISONS

 **Écoute et lis.**

le**s** arbres	les plantes
des excursions	des jeux
c'est intéressant	c'est fantastique
nou**s** organisons	nous sommes

Dans quel cas tu fais une liaison ?

L'IMPÉRATIF

a) Écoute les verbes. Lève la main quand tu entends un ordre.
b) Écoute les ordres. Pour donner un ordre, on utilise l'impératif. Quel son indique que l'impératif est au pluriel ?

c) Maintenant, observe.

singulier	**pluriel**
Calcule !	Calculez !
Prononce !	Prononcez !

LE PLURIEL DES VERBES

les verbes en *-er*	avoir	être
nous cherch<u>ons</u>	nous avons	nous sommes
vous cherch<u>ez</u>	vous avez	vous êtes
ils / elles cherch<u>ent</u>	ils / elles ont	ils / elles sont

la planète bleue
A LA PAROLE !

2 ATTENTION! L'OZONE EST EN DANGER!

3 VIVE L'OXYGÈNE!

5 L'AIR PUR, C'EST LA SANTÉ

1 L'HARMONIE DANS L'UNIVERS

11 L'OCÉAN EST SALE

7 J'ADORE LA NATURE

6 ON N'ACCEPTE PAS LES ESSAIS NUCLÉAIRES!

9 NOUS AIMONS L'HERBE VERTE

4 LES INCENDIES SONT MES ENNEMIS

8 ARRÊTEZ LES MASSACRES!

12 TOI ET MOI, ON AIME LE FROID

10 ON EXIGE DE L'AIR PUR

1 **Écoute.** Répète les textes des pancartes.

2 **Lecture.** Par groupes, préparez une lecture à haute voix des pancartes.

3 **Écoute bien ces slogans.** Trouve avec quelle(s) pancarte(s) ils ont une relation.

ON = NOUS

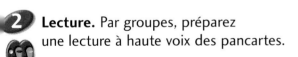

Observe.

On aime le froid. = Nous aimons le froid.
On organise des activités. = Nous organisons des activités.

Après *on*, à quelle personne est le verbe ?

L'APOSTROPHE

Observe.

la planète	l'herbe
le monde	l'arbre
je regarde	j'aime
je ne parle pas	je n'écoute pas

Dans quels cas tu utilises l'apostrophe ?

4 **Concours.** Par groupes, trouvez en cinq minutes, dans les Dossiers 1, 2 et 3, le maximum de mots précédés d'une apostrophe.

5 **Aidez la Terre !** Par groupes de deux, inventez d'autres slogans écologiques.

TU ES ÉCOLOGISTE ?

c'est ABSURDE ?

1 Regarde l'illustration.

1) Combien de personnes ont des lunettes ?

2) Combien de personnes parlent ?

2 Trouve dans cette liste la réponse à chaque question de l'illustration.

a) Parce qu'ils se saluent.
b) Parce qu'elle a un portable.
c) Parce que je suis un indien.
d) Parce que nous avons une allergie.
e) Parce qu'il cherche ses lunettes.

3 C'est absurde ! Jeu.

a) Écris une question avec *Pourquoi ?* et une réponse avec *Parce que* sur deux papiers.
b) Dépose chaque papier dans sa boîte.
  A (prend un papier de la boîte 1 et lit à haute voix) : *Pourquoi mon frère est horrible ?*
  B (prend un papier de la boîte 2 et lit à haute voix) : *Parce que j'adore l'informatique !*

AVOIR

j'ai	nous avons
tu as	vous avez
il / elle / on a	ils / elles ont

LA CAUSE

QUESTION : ● Pourquoi tu es rouge ?
RÉPONSE : ■ Parce que j'ai chaud.

LA QUANTITÉ

● Tu as combien de professeurs ?
■ J'ai 7 professeurs.

● Il y a combien d'élèves ?
■ Il y a 22 élèves.

TU PARLES COMBIEN DE LANGUES ?

sons et rythmes

Les nombres

Écoute et chante !

70	soixante-dix
71	soixante et onze
72	soixante-douze
...	
80	quatre-vingts
81	quatre-vingt-un
82	quatre-vingt-deux
...	
90	quatre-vingt-dix
91	quatre-vingt-onze
92	quatre-vingt-douze
...	
100	Cent !
1000	MILLE !

Pas facile à dire !

Écoute et lis à haute voix.

Seize serpents se reposent
Dans un désert de sable rose.

a) Quels mots tu connais avec les sons [z] et [s] ?
Exemple : musique
Exemple : samedi

Vingt voisins
Font du patin
Tous les matins
Dans le jardin
Au mois de juin.

b) Dis cette phrase de plus en plus vite.

Amour impossible

Écoute et chante !

Moi, j'adore le rock.
Toi, tu adores l'opéra.

Moi, j'aime la salade.
Toi, tu aimes la pizza.

J'adore l'informatique.
Toi, tu détestes ça.

J'ai quatre ordinateurs.
Toi, tu comptes sur tes doigts.

Et tu ne m'aimes pas.
Et tu ne m'aimes pas.

Vive la moto !

1 **Réponds.** Vrai ou faux ?

1) Le facteur sonne à la porte.
2) François ouvre la porte.
3) Le facteur apporte un télégramme.
4) François aime les télégrammes.
5) François n'aime pas les motos.

2 **Écoute.** Lis la BD à haute voix. Imite bien les intonations.
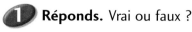

3 **FLASH LECTURE** **oi**

Écoute et lis à haute voix.

1) Monsieur François Courtois ?
2) Qui est-ce, Antoinette ?
3) C'est un télégramme pour toi !
4) Pour moi ?

4 **Par groupes, représentez la scène.** Inventez d'autres personnages, un autre concours.

PROJET télé - concours

À VOUS DE JOUER !

1 PRÉPARATION DU CONCOURS

- Former des équipes de 4 ou 5 personnes.
- Chaque équipe :
  - s'invente un nom *(Exemple : Les Flamants Roses)*.
  - tire au sort un de ces thèmes :

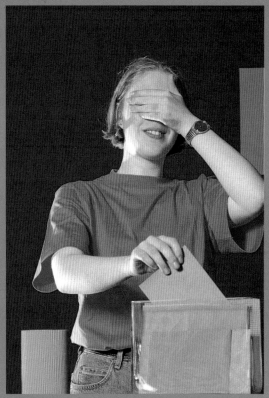

Elle tire au sort.

  - prépare 8 questions sur son thème.

2 LE CONCOURS

- L'équipe n° 1 pose une question aux autres équipes.
  La personne qui pense avoir la bonne réponse consulte son équipe, lève la main et répond.
  Si la réponse est correcte, son équipe gagne 10 points.
  Si la réponse n'est pas correcte, une autre équipe répond.
- L'équipe n° 2, à son tour, pose une question aux autres équipes.
- Le concours se termine quand toutes les équipes ont posé les 8 questions.

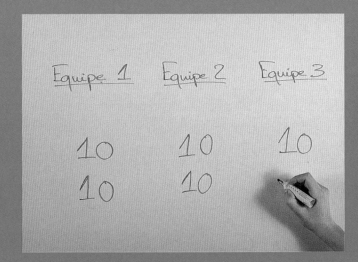

**BONNE CHANCE!
N'OUBLIEZ PAS LES PRIX!**

COMMUNIQUER EN CLASSE

**Tu participes à un concours ou
à un jeu. Tu dis :**

- – C'est mon tour !
- – Vous êtes prêts ?
- – Je suis prêt(e).
- – On commence ?
- – Ça y est, c'est fini !
- – J'ai trouvé !
- – Qui a gagné ?

La France,

On appelle la France « l'Hexagone », parce qu'elle a plus ou moins la forme de cette figure géométrique.

GRANDE-BRETAGNE

Mer du Nord

PAYS-BAS

ALLEMAGNE

La Manche

Lille

Amiens

BELGIQUE

Caen

Rouen

LUXEMBOURG

Rennes

Paris
Seine

Nancy

Strasbourg

Rhin

Nantes

Orléans

Loire

Océan Atlantique

Poitiers

Dijon

Besançon

Vosges

Angoulême

Saône

Jura

SUISSE

Bordeaux

Garonne

Lyon

Massif Central

Rhône

Alpes

ITALIE

Toulouse

Pyrénées

Nîmes

Avignon

ESPAGNE

Montpellier

Nice

Cannes

Corse

Perpignan

Marseille

Ajaccio

ANDORRE

Mer Méditerranée

Cherche 3 noms de villes qui commencent par la lettre « n ».

tu connais ?

La France a une superficie de 544.000 km². Elle est 17 fois plus petite que les États-Unis et 13 fois plus grande que la Suisse. Compare avec ton pays.

Quelles mers, quelles montagnes, quels pays entourent la France ?

Comment s'appelle l'ensemble de montagnes qui se trouve entièrement en France ?

En 5 secondes, trouve...
- ▸ 5 villes qui sont au bord d'un fleuve.
- ▸ 7 noms de villes qui se terminent par la lettre « s ».
- ▸ 4 villes situées près des frontières.

Écoute et chasse le son intrus.

1) Avignon	2) Bordeaux	3) Nice
Lyon	Poitiers	Nancy
Orléans	Brest	Marseille
Dijon	Besançon	Béziers

Vrai ou Faux ?

1) La Seine passe par Paris.
2) Le mont Blanc est dans Les Pyrénées.
3) Lille est dans le sud de la France.
4) Marseille est au bord de la Méditerranée.
5) La Manche sépare la France de l'Angleterre.

Devinette

Je passe sous les ponts de Paris couverte d'un manteau bleu et gris.

Qui suis-je ?

Tu Sais...

Poser des questions et donner des réponses.

1 **Complète les questions et réponds.**

1) (...) est l'épreuve cycliste italienne la plus importante ?
2) Jules Verne, (...) ?
3) *Le Parc des Princes*, (...) ?
4) De (...) couleur est le drapeau français ?
5) (...) s'appelle le copain d'Astérix ?
6) (...) se trouve la tour Eiffel ?
7) Il y a (...) de km entre Paris et Barcelone ?

> ▸ *Qui est-ce ? C'est* + (personne)
> ▸ *Qu'est-ce que c'est ? C'est un / une* + (objet)
> ▸ *Quel ? / Quelle ? De quelle couleur ?*
> ▸ *Combien (de) ? Où ? Comment ?*
> ▸ Articles indéfinis *un, une*
> ▸ Articles définis *le, la, l', les*

Présenter ton groupe ou ton association.

2 **Complète.**

Nous (...) l'association « Les baleines blanches ».
Nous organis(...) des ateliers, des activités,
des excursions. Nous (...) actifs et dynamiques.
Nous cherch(...) des jeunes comme toi.

> ▸ Verbes à la 1ʳᵉ personne du pluriel
> ▸ Les liaisons

Interroger un groupe de personnes.

3 **Demande à des personnes intéressées par ton association...**

1) quel âge elles ont.
2) si elles ont des frères et des sœurs.
3) si elles aiment les activités de groupe.
4) si elles sont écologistes.

> ▸ Verbes à la 2ᵉ personne du pluriel
> ▸ Les liaisons

Exprimer tes goûts.

4 **Pourquoi tu aimes ou tu n'aimes pas...**

1) apprendre le français ?
2) la récréation ?
3) les week-ends ?

> ▸ *Parce que* + phrase

Situer quelque chose et indiquer sa couleur.

5 **Décris ce paysage original.**

> ▸ L'apostrophe
> ▸ Adjectifs de couleur
> ▸ Prépositions de lieu : *sur, sous...*

Demander à quelqu'un de faire quelque chose

6 **Regarde les dessins.**

1) Donne des ordres à un(e) camarade.
2) Donne ces mêmes ordres à plusieurs camarades.

> ▸ Impératif singulier et pluriel des verbes en *-er*

Communiquer en classe.

7 **Tu participes à un jeu ou à un concours. Qu'est-ce que tu dis ?**

- Tu sais dire l'heure.
- Tu cherches qui est le coupable d'un vol avec l'inspecteur Lepoulet.
- Tu sais être poli et tu utilises *tu* ou *vous* selon la situation.
- Tu réfléchis sur la forme interrogative en français.
- Tu déduis ce qu'est un article contracté.
- Tu racontes ta vie passionnante aux autres !
- Tu chantes « Le vampire ».
- Tu inventes une histoire sur un personnage célèbre et tu fais du théâtre.
- Tu découvres les symboles de la France et de l'Union Européenne.

quelle heure EST-IL ?

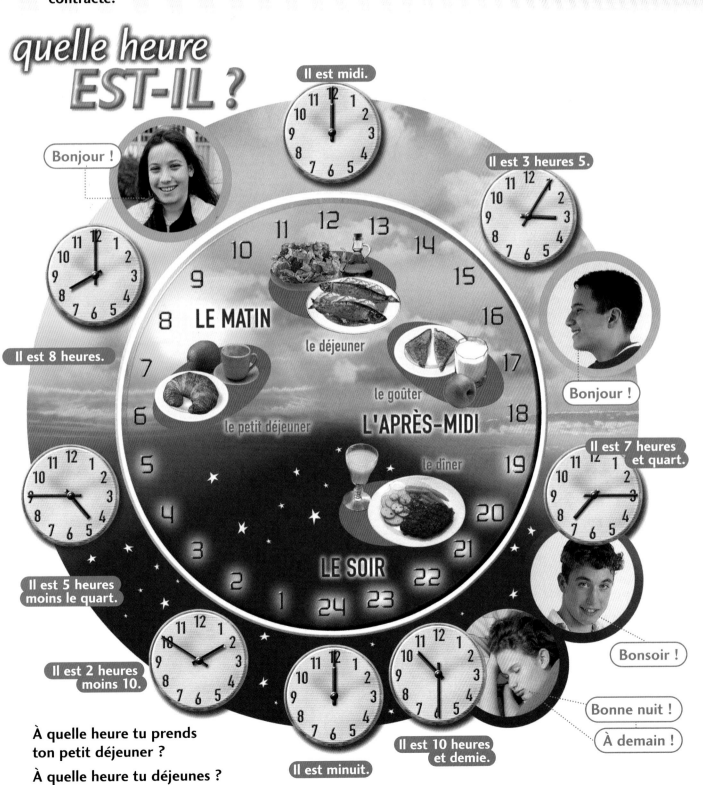

Bonjour !

Il est midi.

Il est 3 heures 5.

Il est 8 heures.

LE MATIN

le déjeuner

le goûter

le petit déjeuner

L'APRÈS-MIDI

Bonjour !

Il est 7 heures et quart.

le dîner

Il est 5 heures moins le quart.

LE SOIR

Bonsoir !

Il est 2 heures moins 10.

Il est 10 heures et demie.

Il est minuit.

Bonne nuit !

À demain !

À quelle heure tu prends ton petit déjeuner ?

À quelle heure tu déjeunes ?

QUEL MYSTÈRE !

1 **Écoute et lis.** Réponds aux questions.

 **situation 1**

Sarah Lemercier est journaliste. Elle habite seule dans un petit appartement. Aujourd'hui, c'est vendredi. Il est 18 heures. Sarah est contente de rentrer chez elle parce qu'elle est très fatiguée. Elle ouvre la porte, va dans le salon et...

Mon Dieu ! Quelle catastrophe !
Tout est en désordre : il y a des papiers et des disquettes sur le tapis, des livres sous la table... Oooh ! Son joli vase bleu de Colombie !... Cassé, derrière la télé ! Mais pourquoi ? Sarah ne comprend pas...
Tout à coup... Les photos ! Ses photos des ovnis ! Où sont-elles ?

a) Pourquoi Sarah est-elle contente de rentrer chez elle ?
b) Où sont les livres ?
c) Où est le vase ?
d) Qu'est-ce que Sarah ne trouve pas ?

situation 2

● Bonjour, madame. C'est vous, la concierge ?

■ Oui, pourquoi ?

● Police ! Combien de personnes habitent dans l'immeuble ?

■ Heu... Il y a les Bernard, Mlle Lemercier, M. Lamy...

● Vous avez les clés de tous les appartements ?

■ Oui, elles sont toutes là... Ah, non ! Tiens ! Où est la clé de Mlle Lemercier ?

a) Qui parle ?

b) Qu'est-ce que la concierge ne trouve pas ?

 c) Lisez la scène.

situation 3

● Police ! Ouvrez ! M. Gérard Lamy, c'est vous ?

■ Oui, c'est moi. Qu'est-ce qui se passe ?

● C'est moi qui pose les questions, M. Lamy. Vous êtes photographe, je crois ?

■ Heu... Oui, c'est exact. Je suis photographe.

● Est-ce que vous connaissez Mlle Lemercier ?

■ Oui, c'est ma voisine. On se rencontre parfois dans l'ascenseur.

● Ah bon ! Dans l'ascenseur seulement ?

■ Heu... Oui, oui, dans l'ascenseur.

● Vous ne connaissez pas son appartement ?

■ Heu... Non.

● M. Lamy, vous mentez ! Accompagnez-moi au commissariat, s'il vous plaît !

a) Qui est M. Lamy ?

b) Comment l'inspecteur Lepoulet découvre-t-il que Gérard Lamy est le coupable ? (Observe bien les illustrations).

② **Choisissez une situation.**

 Jouez la scène.

 ③ **Tu ou vous ?**
Quand est-ce que tu utilises *tu* ?
Et *vous* ?

c'est
UN VOLEUR ?

1 **Écoute et lis.** Qu'est-ce qui se passe ?

 Il est 9 heures du soir. Mme Tatin dîne tranquillement devant la télé.

Tout à coup... *Criiii...*

« Qu'est-ce que c'est ? Une porte ? Une fenêtre ? »
Criiii...

« C'est un voleur ! »

« Où est-il ? » *Criiii...* « Est-ce qu'il est dans la cuisine ? »
Criiii... « Oui ! Il est dans la cuisine ! »

« Mais qu'est-ce qu'il fait ? Qu'est-ce qu'il cherche ? »
Mme Tatin est seule dans son appartement. Elle a peur.
Elle prend un grand vase sur la table. Elle traverse silencieusement le salon. Elle ouvre la porte de la cuisine... Une ombre !

Mme Tatin lance le vase !

MIAAAAAOOUU !!!

C'est Mistigris, le chat de M. Lebon, le voisin !
Pauvre Mistigris !

2 **Jouez la scène.** Il faut un narrateur, Mme Tatin et un bruiteur.

 ## L'INTERROGATION AVEC *EST-CE QUE... ?*

 a) Écoute deux façons de poser une même question. Quelle est la différence ?

b) Maintenant écoute et lève la main quand tu entends une question.

 c) Observe.

Le chat est dans la cuisine ? = Est-ce que le chat est dans la cuisine ?
Elle regarde la télé ? = Est-ce qu'elle regarde la télé ?

3 **Lis les questions.** Associe chacune à sa réponse.

1) Qu'est-ce qu'elle fait ?   a) Un grand vase.
2) Est-ce que Mme Tatin est seule ?   b) Non.
3) Qu'est-ce qu'elle prend ?   c) Oui.
4) Est-ce qu'elle lance un livre ?   d) Elle regarde la télé.

À quelles questions tu réponds par *oui* ou par *non* ?

4 ***Qu'est-ce que... ?* ou *Est-ce que... ?* Trouve la question.**

 Exemple :
Cassette : Elle regarde la télé.
La classe : Qu'est-ce qu'elle fait ?

 FAIRE
je fais
tu fais
il / elle / on fait
nous faisons
vous faites
ils / elles font

QU'EST-CE QUE... ?

Observe.
• Qu'est-ce que c'est ?
• Qu'est-ce qu'il fait ?
• Qu'est-ce qu'elle lance ?
• Qu'est-ce qu'il cherche ?

QU'EST-CE QUE TU FAIS SI...

Tu es seul(e)...
Et tu entends un bruit !

un étrange POUVOIR

Elle s'appelle Françoise. C'est une jeune fille brune, de taille moyenne.

En apparence, sa vie est très normale : le matin, elle va à l'université ; l'après-midi, elle travaille à la bibliothèque et, après, elle va au gymnase. Le soir, si elle n'est pas trop fatiguée, elle téléphone à des copains et ils vont au cinéma ou au théâtre.

Mais ce n'est pas une fille ordinaire... Elle a un étrange pouvoir : elle peut voir à travers les murs !

Elle trouve les objets volés, les bombes cachées, les personnes kidnappées... Elle collabore avec la police sous le nom de Cristal...

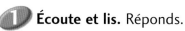 **Écoute et lis.** Réponds.

 1) Qui est Françoise ? Qu'est-ce qu'elle fait ?

2) Et Cristal, qu'est-ce qu'elle peut faire ?

 **Où est-ce qu'elle va sous le nom de Françoise ?** Et sous le nom de Cristal ?

1) à la bibliothèque
2) à l'université
3) au laboratoire
4) à la piscine

5) à l'aéroport
6) au cinéma
7) à la morgue
8) aux bureaux d'Interpol

9) au gymnase
10) aux toilettes
11) au commissariat
12) aux compétitions de judo

LES ARTICLES CONTRACTÉS *AU, AUX*

Observe les expressions de l'exercice 2.

a) **Au** précède des noms masculins au singulier ?
b) **Aux** précède seulement des noms masculins au pluriel ?

À + LES ARTICLES DÉFINIS

- à + le = au   Je vais <u>au</u> gymnase.
  Mais : Il va <u>à l</u>'hôtel.
- à + la = à la   Elle va <u>à la</u> bibliothèque.
  Mais : Tu vas <u>à l</u>'université.
- à + les = aux   Il va <u>aux</u> bureaux d'Interpol.
  Ils vont <u>aux</u> toilettes.

ALLER

je vais
tu vas
il / elle / on va
nous allons
vous allez
ils / elles vont

 ET TOI ?

Où est-ce que tu vas le samedi matin ?
Où est-ce que tu vas quand tu sors avec tes copains et tes copines ?

7 h 00

Gabriela se réveille.

7 h 30

Elle s'habille.

7 h 15

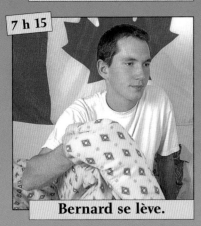

Bernard se lève.

7 h 20

Il se lave.

12 h 00

Pascal se promène.

12 h 30

Il déjeune.

21 h 45

Sarah se brosse les dents.

22 h 05

Elle se couche.

1 **Observe Gabriela, Bernard, Pascal et Sarah.** Réponds.

1) À quelle heure se lève Gabriela ?
2) À quelle heure déjeune Pascal ?
3) Il est 21 h 45. Que fait Sarah ?
4) Quand Bernard se lève, que fait Gabriela ?

2 **Écoute.** C'est la journée de Bernard. Qu'est-ce qu'il fait ? À quelle heure ? Mime les actions.

3 **Raconte.** Sur le modèle précédent, imagine la journée de Gabriela, de Pascal ou de Sarah.

LES VERBES PRONOMINAUX

se laver		
je	me	lave
tu	te	laves
il / elle / on	se	lave
nous	nous	lavons
vous	vous	lavez
ils / elles	se	lavent

a) Quels sont les pronoms sujets ?
b) Quels sont les pronoms réfléchis ?
c) Dans quels cas coïncident les pronoms réfléchis et les pronoms sujets ?

ET TOI ?

- Qu'est-ce que tu fais le matin, de 7 heures à 8 heures ?
- À quelle heure tu te couches ?

14 Quelle heure est-il ?

Écoute et lis.

Quelle heure est-il ?
Dit Noémie.
Il est six heures,
Dit son mari.
Oh, quelle horreur !
Oh, quel malheur !
J'ai rendez-vous
Chez le docteur !
Alors, chérie,
Prends un taxi :
Il est déjà six heures et demie !

**Récitez et interprétez
le poème.**

**Comment se prononce
« eu » dans le poème ?**

15 16 Pas facile à dire !

Écoute et lis.

Chez moi, c'est la Chine,
Chez toi, le Japon,
Chez elle, les Seychelles,
Chez lui, le Gabon !

a) Quels mots tu connais avec le son [ʃ] ?

Exemple : cheveux

Oh ! Le merveilleux bleu des yeux mystérieux
de Mathieu...

b) Quels mots tu connais avec le son [ø] ?

Exemple : deux

17 Le vampire

Écoute et chante !

Il est minuit,
Je me réveille.
Un petit verre,
Oh, quelle merveille !
　　Globules rouges,
　　Globules blancs,
　　J'aime la lune,
　　J'adore le sang.
Un petit problème,
J'ai une carie
À une canine,
Quelle tragédie !
　　Refrain
J'ai un ami,
Max le zombie.
On chante, on danse
Toute la nuit.
　　Refrain

La nuit DE NOSFER

Comic panels:

- MINUIT. LA PLEINE LUNE. UNE NUIT INFERNALE...
- NOSFER SE LÈVE DE BONNE HUMEUR.
- GLOBULES ROUGES, GLOBULES BLANCS.
- IL SE BROSSE LES DENTS. IL INSISTE SUR LES CANINES.
- IL S'HABILLE.
- IL SE COIFFE.
- VOILÀ!
- UNE HEURE MOINS VINGT...
- QUEL TEMPS!
- CHEZ DRACULA
- BONSOIR, CHÉRIE!
- AH, NOSFER! ENFIN TU ES LÀ! VITE, ENTRONS, IL FAIT FROID!

---

1 Réponds. Vrai ou faux ?

1) Il fait beau.
2) Nosfer se lève la nuit.
3) Il s'habille et il se coiffe.
4) Une jeune fille est seule dans la rue.
5) Elle dit au revoir à Nosfer.
6) Elle a des canines très longues.

2 Écoute. Relis la BD.

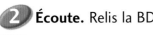

3 FLASH LECTURE *in*

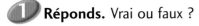

Écoute et lis à haute voix.

1) Une nuit infernale.
2) Il insiste sur les canines.
3) Une heure moins vingt.
4) Enfin tu es là !

4 Lecture dramatisée. Imitez les intonations.

PROJET théâtre

LA JOURNÉE D'UN PERSONNAGE CÉLÈBRE !

1 IL FAUT...

DES ACTEURS (2, 3 ou 4)

- **Le narrateur**
  - Il présente le personnage.
  - Il raconte sa journée :
    - « Il est 10 heures du matin. »
    - « Monsieur / Madame (...) se réveille. »

- **Le personnage célèbre**
  - Il mime sa journée.
  - Il fait des commentaires :
    - « Oh, il est tard ! »
    - « Il fait beau ! »
    - « Quelle heure est-il ? »

- **D'autres personnages** *(par exemple : un ami, une secrétaire...)*
  - Ils parlent avec le personnage :
    - « Tu es en retard ! »
    - « Vous êtes élégant ! »

2 IL FAUT...

UN TEXTE

- **Le récit détaillé de la journée du personnage**
  - Qu'est-ce qu'il fait le matin, l'après-midi, le soir ?
  - Qui rencontre-t-il ?
  - Qu'est-ce qu'il dit ?

3 IL FAUT...

DES ACCESSOIRES

- Très utiles pour caractériser les acteurs !

En scène !

COMMUNIQUER EN CLASSE

Tu demandes la permission. Tu dis :
- Je peux aller aux toilettes, s'il vous plaît ?
- Est-ce que je peux ouvrir la fenêtre ?

Tu t'excuses. Tu dis :
- Excusez-moi, je suis en retard.

La France

1 La France a environ 58 millions d'habitants.

Près de 8,5 millions habitent Paris, la capitale.

Plus de 100 nationalités différentes coexistent en France.

2 Les **symboles** de la France

Le drapeau :
bleu, blanc, rouge.

La devise :
Liberté, Égalité, Fraternité.

Marianne :
La République Française (R. F.) est représentée par une femme, Marianne. Son buste est présent dans les mairies et son effigie sur des timbres-poste.

Le coq est un emblème français : « gallus », en latin, signifie « coq » et « gaulois », car la France est l'ancienne Gaule. Le coq est aussi l'emblème officiel des sportifs français.

L'hymne national est *La Marseillaise.*

Le 14 juillet, c'est **la fête nationale,** en souvenir de la prise de la Bastille le 14 juillet 1789, pendant la Révolution Française.

La francophonie

3 Il n'y a pas que les Français qui parlent le français. C'est la langue maternelle d'une partie de la Belgique, de la Suisse, du Canada, du Luxembourg, de Monaco et d'Andorre. C'est aussi la langue officielle de 31 pays d'Afrique. Le français se parle couramment au Maghreb, au Liban...

**Un pays francophone, qu'est-ce que c'est ?
Et un pays hispanophone ou anglophone ?**

Français, mais aussi Européens

✳ 4 Les symboles de l'Union Européenne

Le drapeau bleu azur avec ses 12 étoiles d'or évoque l'union des peuples d'Europe (12 est le nombre de l'harmonie).

L'hymne européen est l'*Hymne à la joie* de Beethoven.

Communauté Européenne
République Française

PASSEPORT

Le passeport « Communauté Européenne » : il porte pour les Français la mention « République Française ».

L'euro, la monnaie unique européenne, comporte : une face nationale spécifique pour chaque pays et une face européenne commune à tous les pays.

Le logo de l'Euro évoque une lettre grecque : epsilon. Comme la Grèce, il symbolise le berceau de la culture européenne.

3 capitales pour l'Union Européenne :
Bruxelles : Commission Européenne,
Strasbourg : Parlement Européen et
Luxembourg : Cour de justice.

La journée de l'Europe est le 9 mai.

Le palais de l'Europe, à Strasbourg, est le siège du Conseil de l'Europe et du Parlement Européen.

Trouve dans les textes ces mots :
azur • étoile • comporte • berceau • mention • monnaie

Si tu ne les comprends pas, observe :
• les mots qui sont à côté • la phrase complète

Tu comprends maintenant ?
Alors, relie chaque mot à sa définition.

1) azur	a) Astre qui brille dans le ciel.
2) étoile	b) Origine.
3) comporte	c) Est composé(e) de...
4) berceau	d) De la même couleur que le ciel.
5) mention	e) Unité de valeur.
6) monnaie	f) Indication, précision.

Textes adaptés de Brame G. et Tollu B., *Chez toi en France*,
Hachette Jeunesse, 1995.

Dire l'heure.

1 **Dis l'heure de deux façons.**

1) 7.40	3) 9.15	5) 12.30
2) 8.45	4) 00.00	6) 02.55

▸ **Expression de l'heure**

Raconter la journée de quelqu'un.

2 **Qu'est-ce qu'elle fait ?**

1)  2)

3)  4)

3 **Qu'est-ce que tu fais en cours de français avec tes camarades ?**

Exemple : On étudie le vocabulaire.

▸ **Les verbes pronominaux**
▸ **Le pronom sujet *on***
▸ **Les moments de la journée**

Utiliser *tu* ou *vous* selon la situation.

4 ***Tu* ou *vous* ? Qu'est-ce que tu dis pour parler à...**

1) un(e) ami(e) ?
2) un(e) inconnu(e) ?
3) deux personnes ou plus ?

▸ **Utilisation de *tu* et de *vous***

Demander confirmation d'une information.

5 **Pose les questions à M. Lamy.**

1) (...) ? Oui, c'est moi.
2) (...) ? Oui, je suis photographe.
3) (...) ? Oui, c'est ma voisine.

▸ ***Est-ce que ?***

Demander des informations sur quelqu'un.

6 **Raconte ce que tu sais sur Cristal.**

▸ ***C'est* + article indéfini**
▸ **Verbes *être*, *avoir***
▸ **Forme négative : *ne* + (verbe) + *pas***
▸ **Verbe *aller***
▸ ***À* + article défini**
▸ **Verbes d'action**

Demander et dire où va quelqu'un.

7 **Pose la question.**

1) Elle va chez le dentiste.
2) Nous allons à la mer.
3) Ils vont au restaurant.

8 **Dis où tu vas...**

1) le lundi matin.
2) le samedi après-midi.
3) le dimanche.

▸ ***Où ?***
▸ **Verbe *aller***
▸ **Articles contractés**

▸ Tu réutilises tout ce que tu as appris dans les Dossiers 4 et 5.

▸ Tu apprends à parler de la pluie et du beau temps.

▸ Tu constates que tu sais faire beaucoup de choses en français : poser toutes sortes de questions, dire où tu vas, parler de toi, des autres, etc.

🔲 quel temps FAIT-IL ?

Il fait beau. Les oiseaux chantent.

C'est le printemps.

Il fait chaud. Le soleil brille.

C'est l'été.

Il pleut. Les feuilles tombent.

C'est l'automne.

Il fait froid.

Il neige.

C'est l'hiver.

🔲 Écoute. C'est quelle saison ?

QUEL TEMPS IL FAIT AUJOURD'HUI ?

AU ZOO

1. **Observe les animaux du zoo.** Combien il y a d'éléphants ? de zèbres ? de girafes ? de pélicans ?

2. **Regarde bien les personnages.** Combien de personnes portent un pantalon blanc ? un chapeau ? de quelle couleur ? Combien d'enfants pleurent ? Pourquoi ?

3. **Écoute la poésie.** C'est l'inventaire des animaux de ce zoo ? Pourquoi ?

4. **Où sont-ils ?** 5 animaux se promènent tranquillement dans le zoo. Dis exactement où ils se trouvent.

5. **Que font-ils ?** Trouve le maximum d'actions différentes.
   Exemple : N° 32 - Il s'assied sur un banc.

6. **Jeu.** Il y a 10 erreurs. Trouve-les.

7. **Observe bien.** Trouve le maximum de mots avec les sons [ʒ] de *mange*, [z] de *des arbres*, [s] de *sourire* et [ʃ] de *cheveux*.

8. **Qui dit quoi ?** Écoute et réponds. Qui parle ? À qui ? De quoi ? Pourquoi ?

9. **Bonjour !** Deux personnages se rencontrent. Jouez la scène.

Un petit trou de mémoire ?

Tu peux revoir :
- Les couleurs, page 37
- La localisation dans l'espace, page 37
- Les verbes pronominaux, page 54

SUPER-MAMIE

**Mélodie Simpson, 75 ans, est la « super-mamie » de l'année.
Voilà son emploi du temps.**

1. Elle se réveille de bonne heure, entre cinq et six heures.

2. Elle se douche, elle s'habille, elle se coiffe et elle se maquille.

3. Devant son petit déjeuner, elle planifie sa journée.

4. Un peu de gymnastique, c'est tonique et fantastique.

5. Elle prend toujours sa moto, pour aller faire du judo.

6. Elle déjeune vers une heure, au café *Les quatre fleurs*.

7. En jogging elle se balade. Elle adore les promenades.

8. En fin d'après-midi, elle joue de la batterie.

9. Et elle est vraiment épatante, quand elle fait du parapente !

**Tu es journaliste. Transforme ce texte en interview.
Complète avec d'autres informations.**

agir et communiquer en classe 2

1. On va à la bibliothèque ?

2. On se réunit chez toi pour le travail ?

3. D'accord, mais si vous parlez, je vous sépare.

4. Je me suis trompée.

5. Je suis allé chez le medecin.

6. Quelle va être l'excuse d'aujourd'hui ?

7. Il a écrit sur mon livre.

8. Pourquoi pas ?

9. Je n'ai pas fait les exercices.

10. Je n'ai pas compris.

11. IMPOSSIBLE, J'AI DU TRAVAIL.

12. BONNE IDÉE !

13. Lundi je serai absente, je dois aller chez le dentiste.

14. Pourquoi on ne fait pas une bataille navale ?

15. D'accord, mais apporte-moi un mot d'excuse.

16. Ce n'est pas vrai, c'est un menteur.

17. Vous avez corrigé les examens ?

18. Tu m'attends à la sortie ?

19. Ça suffit !!

20. Attention ! le prof nous regarde.

21. Je n'ai pas eu le temps, je ne suis pas une machine.

22. Je peux m'asseoir à côté de Paul ?

23. Tu n'es pas le seul.

1 Trouve les phrases qui vont ensemble. Attention ! Plusieurs solutions sont possibles.

2 Écoute ces microconversations. Identifie les phrases écrites ci-dessus.

Tu es un bon observateur / une bonne observatrice ? Retrouve...

* les 4 phrases qui servent à proposer de faire une activité.
* les 4 expressions qui te permettent d'accepter ou de refuser une suggestion / une proposition.
* les 7 phrases qui indiquent une action passée.
* les 2 phrases qui indiquent une action future.

🎞️ Une classe de rêve...
Écoute et lis.

Hier après-midi, le cours de français a
commencé de manière catastrophique.
Julien a jeté le pull de Marie par la fenêtre.
Paul a donné un coup de pied à Éric.
Mireille a insulté sa voisine.
Ensuite, Dorothée a ouvert son sac et a trouvé
une souris. En plastique, évidemment !
Mais comme elle a eu très peur,
elle est tombée de sa chaise.
Alors M. Ledoux s'est levé et a écrit une
phrase au tableau.
Tout le monde s'est calmé immédiatement
et a commencé à travailler dans le silence le
plus complet.

Imaginez quelle phrase M. Ledoux
a écrite au tableau.

**Cherche tout ce qui
indique que ce texte
est au passé.**

JEU : QUI PEUT PASSER ?

 Vous êtes des touristes, vous voulez visiter Toubidou, un étrange pays.
À la frontière, tout le monde ne peut pas passer. Pourquoi ?
Quels critères d'admission bizarres ont choisis les douaniers ?
Exemple :
Touriste : « Dans ma valise, il y a un éléphant. Est-ce que je peux passer ? »
Douanier : « D'accord, tu peux passer. »
Touriste : « Dans ma valise, il y a une fleur. Je peux passer ? »
Douanier : « Impossible, tu ne peux pas passer. »
(Ici, le critère du douanier est d'accepter seulement les mots masculins.)

Tu as bien compris comment fonctionne ce jeu ?
Qu'est-ce qu'il faut faire exactement ?

Maintenant jouez. D'un
côté, les douaniers qui
décident en secret un
critère d'admission, de
l'autre, les touristes
qui doivent le deviner.

SUGGESTIONS

● Tu veux faire du sport ?
■ D'accord !

● On va déjeuner ?
■ Bonne idée !

● On joue au ballon ?
■ Pas question !

Invente d'autres suggestions sur ce modèle.

résumé GRAMMATICAL

LES PRONOMS PERSONNELS SUJETS

Ils sont obligatoires devant tous les verbes conjugués (sauf à l'impératif).

je parle   nous parlons
tu chantes   vous chantez
il danse   ils dansent
elle dessine   elles dessinent

 on chante = nous chantons

Vous êtes content ?

Tu es content ?

Le sujet peut être renforcé par un autre pronom.
Moi, j'aime la salade. Toi, tu aimes la pizza.

On utilise tu quand on s'adresse à des copains, à la famille. Dans les autres cas, on utilise le vous de politesse.

LES ARTICLES

INDÉFINIS		
	masculin	**féminin**
singulier	un crayon	une gomme
pluriel	des crayons	des gommes

DÉFINIS		
	masculin	**féminin**
singulier	le garçon	la fille
	l'arbre	l'école
	l'hôtel	l'histoire
pluriel	les garçons	les filles
	les arbres	les écoles
	les hôtels	les histoires

Prononciation :

un‿arbre   des‿arbres
un‿hélicoptère   des‿hélicoptères

Quand le mot commence par une voyelle ou par un « h », il faut faire la liaison.

 On utilise « l' » devant les noms singuliers féminins ou masculins qui commencent par une voyelle ou par un « h ».

À + LES ARTICLES DÉFINIS

- **à + la = à la** Vous allez à la bibliothèque.
  Il est à la piscine.

- **à + l' = à l'** Je vais à l'hôtel. (masc.)
  Elles sont à l'école. (fém.)

- **à + le = au** Il va au théâtre.
  Elle est au gymnase.

- **à + les = aux** Je vais aux compétitions de basket.
  Ils téléphonent aux bureaux d'Interpol.

 La contraction de « à » et de « le » et « les » est obligatoire.
~~à le~~ ▸ au   Il est au cinéma.
~~à les~~ ▸ aux   Il va aux Îles Canaries.

LE MASCULIN ET LE FÉMININ

ADJECTIFS

féminin = masculin + e		féminin = masculin		féminin ≠ masculin	
il est	elle est	il est	elle est	il est	elle est
grand	grande	adorable	adorable	gros	grosse
petit	petite	maigre	maigre	beau	belle
vert	verte	jaune	jaune	blanc	blanche
génial	géniale	sympa	sympa	sportif	sportive

 Prononciation :
- **Au masculin, les consonnes finales sont muettes :**
  fort [fɔr], grand [grã]
- **Au féminin, on entend cette consonne :**
  forte [fɔrt], grande [grãd]

NOMS

féminin = masculin + e		féminin = masculin		féminin ≠ masculin	
un	une	un	une	un	une
étudiant	étudiante	journaliste	journaliste	acteur	actrice
client	cliente	secrétaire	secrétaire	directeur	directrice
avocat	avocate	interprète	interprète	coiffeur	coiffeuse

 Certains noms de professions n'ont pas de féminin.
Un professeur = M. le professeur ou Mme le professeur
Il / Elle est ingénieur.   Il / Elle est médecin.

LE PLURIEL

singulier		**pluriel**	
Le garçon est petit.		Les garçons sont petits.	
Il y a un moustique.		Il y a des moustiques.	
La fille est gentille.		Les filles sont gentilles.	

 Prononciation :
Au pluriel, on ne prononce pas le « s » final.
les garçons, des moustiques, tes filles

Pour les articles et les adjectifs possessifs la marque orale du pluriel est le son [e].
les [le] / des [de] / mes [me] livres.

 Il y aussi des pluriels en « x ».
singulier   Il a un beau jeu.
pluriel   Il a trois beaux jeux.

LES PRÉPOSITIONS DE LIEU

sous   sur   devant   derrière

 On ne met jamais *de* après *devant, derrière, sur, sous, dans, entre.*
La moto est devant la maison.
La clé est derrière la porte.

dans   à côté de
à gauche de   à côté de
à droite de

Autres prépositions :
Elle est chez moi. Il est à Paris. Je vais en France.
Il vient de l'aéroport. Je suis en 3ᵉ.

LES ADJECTIFS POSSESSIFS (Un possesseur)

Théo est très distrait.
Tous les matins, il cherche son sac, ses lunettes et sa montre.

Où est ma montre ?

Où sont mes lunettes ?

Voilà tes lunettes.

Voilà ta montre.

Voilà ton sac.

Où est mon sac ?

sac (masculin)

mon sac
ton sac
son sac

mes sacs
tes sacs
ses sacs

trousse (féminin)

ma trousse
ta trousse
sa trousse

mes trousses
tes trousses
ses trousses

 Pour bien utiliser les adjectifs possessifs, il faut savoir qui est le possesseur.
je ▸ mon, ma, mes
tu ▸ ton, ta, tes
il, elle ▸ son, sa, ses

 On utilise le masculin devant les mots féminins qui commencent par une voyelle ou par un « h ».
~~ma~~ amie ▸ mon amie Hélène
~~ta~~ histoire favorite ▸ ton histoire favorite

L'INTERROGATION

C'est facile ?

Qui est-ce ?
Qui ouvre la porte ?

Qu'est-ce que c'est ?
Qu'est-ce qu'il aime ?

Quel film ? Quels films ?
Quelle actrice ? Quelles actrices ?

Comment est Julie ?
Combien de frères tu as ?
Quand commencent les vacances ?
Où va Françoise ?

● Pourquoi tu chantes ?
■ Parce que je suis content.

 On peut dire :
C'est facile ?
Est-ce que c'est facile ?

Comment elle s'habille ?
Comment est-ce qu'elle s'habille ?
Elle s'habille comment ?

Où vous allez ?
Vous allez où ?
Où est-ce que vous allez ?

LA NÉGATION

● Tu danses ?
■ Non, je saute.

● Elle parle anglais ?
■ Non, elle ne parle pas anglais.

● Tu as 16 ans ?
■ Non, je n'ai pas 16 ans, j'ai 18 ans.

● Il est content ?
■ Non, il n'est pas content.

● Vous vous réveillez à 7 heures ?
■ Non, nous ne nous réveillons pas à 7 heures.

● S'il vous plaît, prenez une feuille et ne parlez pas !

phonétique

En général, on ne prononce pas les CONSONNES FINALES.

Berthe a un grand pied.   Elle lit un petit livre.
Fernand et Flora dansent.   Salut ! Comment ça va ?

C'est donc la règle pour la marque du pluriel.

Les vélos de mes cousines sont rapides.
Regarde ses cheveux roux.

Quand un mot commence par une voyelle ou par un « h », il faut faire la LIAISON.

un enfant   des enfants
un hôtel   des hôtels

Le « E » FINAL ne se prononce pas, sauf dans les mots d'une seule syllabe comme dans *je, me, le*.

Martine adore le théâtre.

L'ACCENT TONIQUE est toujours à la fin du mot ou de la phrase.

lundi
petite
une petite fille
Je ne sais pas.

VOYELLES

Quand à l'écrit il y a...   on prononce...

u	[y]	tu, lune

ai, ei	[ɛ]	fait, treize
oi	[wa]	toi, trois
ou	[u]	cou, sourd

eu	[ø]	deux, cheveux
eur	[œ]R	acteur, inspecteur

au, eau, o	[o]	jaune, beau, pot
o	[ɔ]	porte, bol

on	[ɔ̃]	son, accordéon
en, an	[ɑ̃]	trente, soixante
in, ain	[ɛ̃]	voisin, main
un	[œ̃]	un, brun

er ⎫		manger
ez ⎬ à la fin	[e]	dormez
et ⎪ d'un mot		et
es ⎭		des

é	[e]	étoile, bébé
è	[ɛ]	frère, mère
ê	[ɛ]	tête, fenêtre

Attention à la prononciation de certaines CONSONNES :

gn [ɲ] gagner, montagne

ch [ʃ] chien, chez moi

j   [ʒ] janvier, jeudi

z   [z] douze, seize

s* [z] musique, maison

s   [s] samedi, dossier

ç   [s] français, leçon

* entre 2 voyelles

les verbes

LE PRÉSENT (LES VERBES EN -ER)

PARLER

je parle   je ne parle pas
tu parles   tu ne parles pas
il / elle / on parle   il / elle / on ne parle pas
nous parlons   nous ne parlons pas
vous parlez   vous ne parlez pas
ils / elles parlent   ils / elles ne parlent pas

AIMER

j'aime   je n'aime pas
tu aimes   tu n'aimes pas
il / elle / on aime   il / elle / on n'aime pas
nous aimons   nous n'aimons pas
vous aimez   vous n'aimez pas
ils / elles aiment   ils / elles n'aiment pas

Autres verbes en –er :
regarder, danser, chanter, sauter…

Prononciation :
On prononce de la même manière :
je parle, tu parles, il parle, ils / elles parlent

LE PRÉSENT (LES VERBES PRONOMINAUX)

SE LAVER

je me lave   je ne me lave pas
tu te laves   tu ne te laves pas
il / elle / on se lave   il / elle / on ne se lave pas
nous nous lavons   nous ne nous lavons pas
vous vous lavez   vous ne vous lavez pas
ils / elles se lavent   ils / elles ne se lavent pas

S'APPELLER

je m'appelle   je ne m'appelle pas
tu t'appelles   tu ne t'appelles pas
il / elle / on s'appelle   il / elle / on ne s'appelle pas
nous nous appelons   nous ne nous appelons pas
vous vous appelez   vous ne vous appelez pas
ils / elles s'appellent   ils / elles ne s'appellent pas

Autres verbes pronominaux : se coiffer, s'habiller, se coucher, se promener, se lever...

Je me douche.   Je douche mon chien.   Elle se réveille.   Elle réveille Éric.

les verbes

ÊTRE

je suis	je ne suis pas
tu es	tu n'es pas
il / elle / on est	il / elle / on n'est pas
nous sommes	nous ne sommes pas
vous êtes	vous n'êtes pas
ils / elles sont	ils / elles ne sont pas

AVOIR

j'ai	je n'ai pas
tu as	tu n'as pas
il / elle / on a	il / elle / on n'a pas
nous avons	nous n'avons pas
vous avez	vous n'avez pas
ils / elles ont	ils / elles n'ont pas

Prononciation :
Ils sont copains.
[s]

Ils ont des copains.
[z]

ALLER

je vais	je ne vais pas
tu vas	tu ne vas pas
il / elle / on va	il / elle / on ne va pas
nous allons	nous n'allons pas
vous allez	vous n'allez pas
ils / elles vont	ils / elles ne vont pas

FAIRE

je fais	je ne fais pas
tu fais	tu ne fais pas
il / elle / on fait	il / elle / on ne fait pas
nous faisons	nous ne faisons pas
vous faites	vous ne faites pas
ils / elles font	ils / elles ne font pas

VOULOIR

je veux	je ne veux pas
tu veux	tu ne veux pas
il / elle / on veut	il / elle / on ne veut pas
nous voulons	nous ne voulons pas
vous voulez	vous ne voulez pas
ils / elles veulent	ils / elles ne veulent pas

POUVOIR

je peux	je ne peux pas
tu peux	tu ne peux pas
il / elle / on peut	il / elle / on ne peut pas
nous pouvons	nous ne pouvons pas
vous pouvez	vous ne pouvez pas
ils / elles peuvent	ils / elles ne peuvent pas

Au pluriel, tous les verbes ont la même terminaison :

nous .... - ONS
vous .... - EZ
ils / elles .... - ENT

Il y a des exceptions :

nous	sommes	ils / elles	font
vous	faites		sont
	êtes		ont
			vont

LE PASSÉ COMPOSÉ

PARLER

j'ai parlé	je n'ai pas parlé
tu as parlé	tu n'as pas parlé
il / elle / on a parlé	il / elle / on n'a pas parlé
nous avons parlé	nous n'avons pas parlé
vous avez parlé	vous n'avez pas parlé
ils / elles ont parlé	ils / elles n'ont pas parlé

ALLER

je suis allé(e)	je ne suis pas allé(e)
tu es allé(e)	tu n'es pas allé(e)
il / elle / on est allé(e)(s)	il / elle /on n'est pas allé(e)(s)
nous sommes allé(e)s	nous ne sommes pas allé(e)s
vous êtes allé(e)(s)	vous n'êtes pas allé(e)(s)
ils / elles sont allé(e)s	ils / elles ne sont pas allé(e)s

 En français, il faut toujours un sujet devant le verbe. Observe :

je parle • tu écoutes •
il mange • elle pleure

S'il n'y a pas de sujet, c'est l'impératif.

L'IMPÉRATIF

singulier	pluriel
Parle !	Parlez !
Ferme la porte !	Fermez la porte !

forme négative

Ne parle pas.	Ne parlez pas.

Elle veut manger.

Elle pleure.

Elle va manger de la purée.

Elle a mangé.

les verbes

POUR DÉCRIRE DES ACTIONS HABITUELLES

On utilise…
le présent : Tous les matins, je me lève à 7 heures, je me lave, je m'habille et je prends mon petit déjeuner. Je vais à l'école. À midi, je déjeune. L'après-midi, je suis à l'école. Le soir, je regarde la télé. Je dîne à 8 heures et je me couche à 9 heures.

POUR DÉCRIRE DES ACTIONS EN COURS

On utilise…
le présent : ● Qu'est-ce que tu fais ?
　　　　　　　■ Je lis.

POUR EXPRIMER DES ORDRES OU DES INSTRUCTIONS

On utilise de préférence…
l'impératif : Maintenant, ouvrez le livre à la page 18 !

Mais aussi…
le présent : Maintenant, vous ouvrez le livre à la page 18.

le futur proche : Maintenant, vous allez ouvrir le livre à la page 18.

POUR EXPRIMER DES PROJETS OU DES INTENTIONS

On utilise de préférence…
le futur proche : Cette année, je vais partir au Venezuela.

Mais aussi…
le présent : Cette année, je pars au Venezuela.

le futur simple : Cette année, je partirai au Venezuela.

POUR DÉCRIRE DES ACTIONS PASSÉES

On utilise…
le passé composé : Hier, je me suis levé à 7 heures, je me suis lavé, je me suis habillé et j'ai pris mon petit déjeuner. Je suis allé à l'école. À midi, j'ai déjeuné. L'après-midi, je suis allé à l'école. Le soir, j'ai regardé la télé. J'ai dîné à 8 heures et je me suis couché à 9 heures.

boîtes à phrases

1 · PRÉSENTER QUELQU'UN

● Qui est-ce ?
■ C'est…

Voici Julie. Voilà Samir.

● Comment tu t'appelles ?
■ Je m'appelle…
● Comment elle s'appelle ?
■ Elle s'appelle…

Dossier 0 • Dossier 1

2 · SALUER

Bonjour !   Au revoir !
Salut !   Salut !
Bonsoir !   Bonne nuit !

● Comment ça va ?   ■ Comme ci, comme ça.
■ Très bien !   ■ Mal !
■ Bien.   ■ Très mal !
■ Pas mal.

Dossier 0 • Dossier 1 • Dossier 5

3 · IDENTIFIER UN OBJET

● Qu'est-ce que c'est ?
■ C'est un livre.
■ C'est le livre de français.
■ C'est une trousse.
■ C'est la trousse de Samir.

Dossier 1

4 · IDENTIFIER UNE PERSONNE

● Qui est-ce ?   ● Quelle est sa profession ?
■ C'est une amie de ma sœur.   ■ Elle est interprète.

● Comment elle s'appelle ?   ● Où est-ce qu'elle habite ?
■ Elle s'appelle Marion.   ■ Elle habite à New York.

● Quel âge elle a ?
■ Elle a 25 ans.

Dossier 1 • Dossier 2 • Dossier 5

5 · EXPRIMER DES GOÛTS

● Qu'est-ce que tu aimes ?
■ J'aime les glaces.
■ J'adore le chocolat.

● Tu aimes les glaces ?
■ Non, je n'aime pas les glaces.

● Je déteste le lundi.

Dossier 1

6 · DÉCRIRE UNE PERSONNE

● Comment il est ?   ● Comment elle est ?
■ Il est grand.   ■ Elle est brune et très belle.
■ Il est sympa.   ■ Elle est gentille.

■ Il a les cheveux blonds.   ■ Elle a les yeux bleus.

Dossier 1 • Dossier 2

7 · DIRE LA DATE

● Quelle est la date d'aujourd'hui ?
● Aujourd'hui, c'est quel jour ?
■ Aujourd'hui, c'est le 7 février.

● Quel est le jour de ton anniversaire ?
● C'est quand ton anniversaire ?
■ Mon anniversaire, c'est le 22 novembre.

Dossier 1 • Dossier 6

8 · DONNER SON OPINION

C'est mortel !
Quelle horreur !
C'est difficile !
C'est facile !
C'est super !
C'est génial !

Dossier 1 • Dossier 2
Dossier 4 • Dossier 5

9 · EXPRIMER LA QUANTITÉ

● Il y a combien
d'élèves dans
la classe ?
■ Il y a seize élèves :
neuf garçons
et sept filles.

Dossier 1 • Dossier 2
Dossier 4

boîtes à phrases

10 INDIQUER LA COULEUR

- De quelle couleur est la mer ?
- Elle est bleue, verte, grise.

- Le feu, c'est de quelle couleur ?
- C'est rouge, jaune, orange.

Dossier 4

11 ÊTRE POLI(E)

S'il te plaît.　　　　　Merci.
S'il vous plaît.　　　　Merci beaucoup.

Pardon.　　　　　　　Vous êtes interprète ?
Excusez-moi.　　　　　Vous parlez français ?
« Vous » de politesse.

Dossier 1 • Dossier 2 • Dossier 3 • Dossier 4 • Dossier 5
Dossier 6

12 PARLER DU TEMPS

- Quel temps fait-il ?
- Il fait chaud.
- Il fait beau.
- Il fait froid.
- Il pleut.
- Il neige.

C'est le printemps / l'été /
l'automne / l'hiver.

Dossier 6

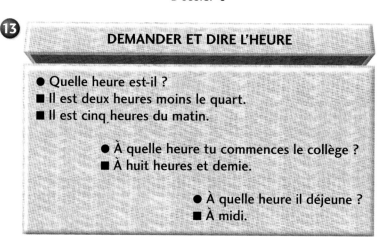

13 DEMANDER ET DIRE L'HEURE

- Quelle heure est-il ?
- Il est deux heures moins le quart.
- Il est cinq heures du matin.

- À quelle heure tu commences le collège ?
- À huit heures et demie.

- À quelle heure il déjeune ?
- À midi.

Dossier 5

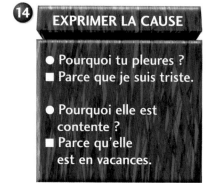

14 EXPRIMER LA CAUSE

- Pourquoi tu pleures ?
- Parce que je suis triste.

- Pourquoi elle est contente ?
- Parce qu'elle est en vacances.

Dossier 4

15 SITUER DANS L'ESPACE

- Où est mon sac ?
- Il est sur la table.
- Il est sous la chaise.
- Il est à côté de la porte.
- Il est devant le livre.
- Il est derrière la télé.
- Il est entre les arbres.

Dossier 4

16 DIRE OÙ L'ON VA

- Où vas-tu ?
- Je vais à la bibliothèque.

- Où est-ce qu'il va ?
- Il va au gymnase.

- à la piscine　　　　• au théâtre
- à l'université　　　 • à l'aéroport
- aux toilettes　　　 • aux États-Unis

Dossier 5

17 SUGGÉRER OU PROPOSER

- Tu veux aller au cinéma ?
- Tu viens au cinéma ?
- On va au cinéma ?
- Pourquoi tu ne viens pas au cinéma ?

Agir et communiquer en classe 2

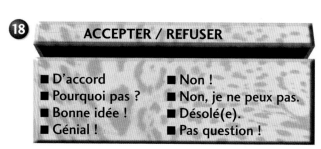

18 ACCEPTER / REFUSER

- D'accord　　　　• Non !
- Pourquoi pas ?　• Non, je ne peux pas.
- Bonne idée !　　• Désolé(e).
- Génial !　　　　• Pas question !

Agir et communiquer en classe 2

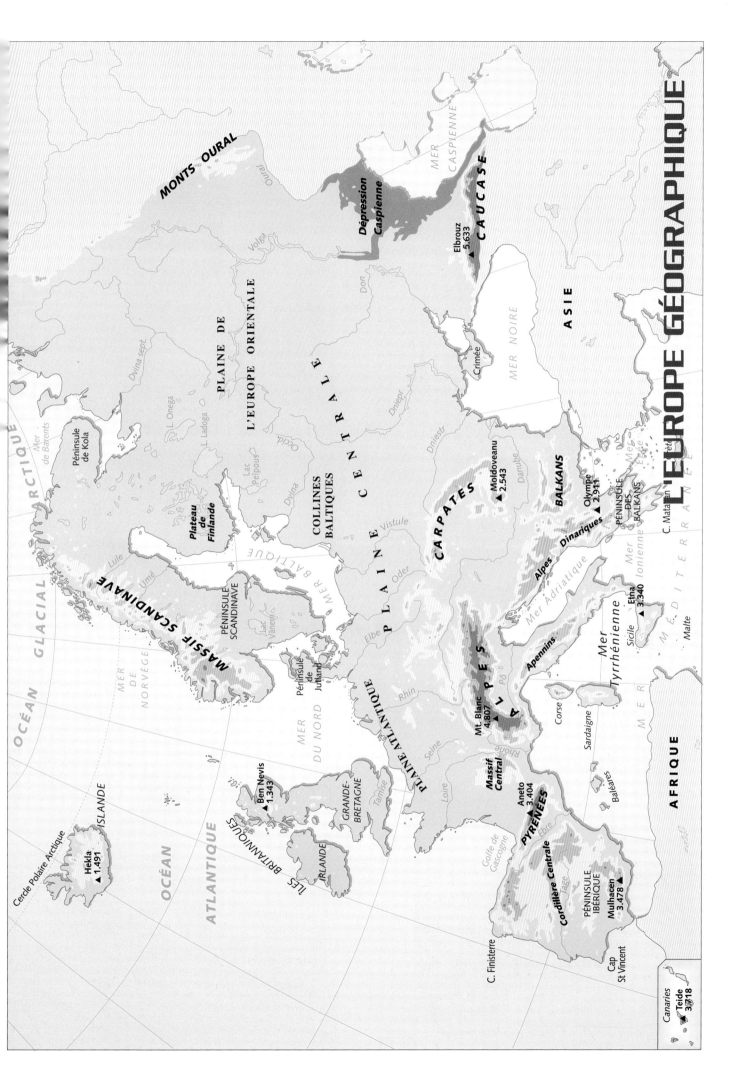

L'EUROPE GÉOGRAPHIQUE

OCÉAN GLACIAL ARCTIQUE

Cercle Polaire Arctique

ISLANDE
▲ Hekla 1.491

Mer de Barents

Péninsule de Kola

MONTS OURAL

Oural

Volga

PLAINE DE L'EUROPE ORIENTALE

Dvina sept.

L. Onega

L. Ladoga

Lac Peïpous

Don

Dépression Caspienne

MER CASPIENNE

Elbrouz ▲ 5.633

CAUCASE

ASIE

Crimée

MER NOIRE

Dniepr

Dniestr

Danube

Moldoveanu ▲ 2.543

CARPATES

BALKANS

Olympe ▲ 2.911

PÉNINSULE DES BALKANS

Alpes Dinariques

C. Matapan

Mer Égée

Dvina

Oder

Vistule

COLLINES BALTIQUES

PLAINE CENTRALE

Plateau de Finlande

MASSIF SCANDINAVE

Lule

Umé

PÉNINSULE SCANDINAVE

Lac Vänern

MER DE NORVÈGE

MER DU NORD

MER BALTIQUE

Péninsule de Jutland

Elbe

Rhin

Seine

PLAINE ATLANTIQUE

Loire

OCÉAN ATLANTIQUE

ÎLES BRITANNIQUES

GRANDE-BRETAGNE

IRLANDE

Ben Nevis ▲ 1.343

Tamise

C. Finisterre

Golfe de Gascogne

Ebre

Tage

PÉNINSULE IBÉRIQUE

Cordillère Centrale

Mulhacen ▲ 3.478

PYRÉNÉES

Aneto ▲ 3.404

Massif Central

Rhône

Pô

A L P E S

Mt. Blanc ▲ 4.807

Apennins

Corse

Sardaigne

Baléares

Mer Tyrrhénienne

Sicile

Etna ▲ 3.340

Malte

Mer Adriatique

Mer Ionienne

M E R   M É D I T E R R A N É E

Cap St Vincent

AFRIQUE

Canaries
▲ Teide 3.718

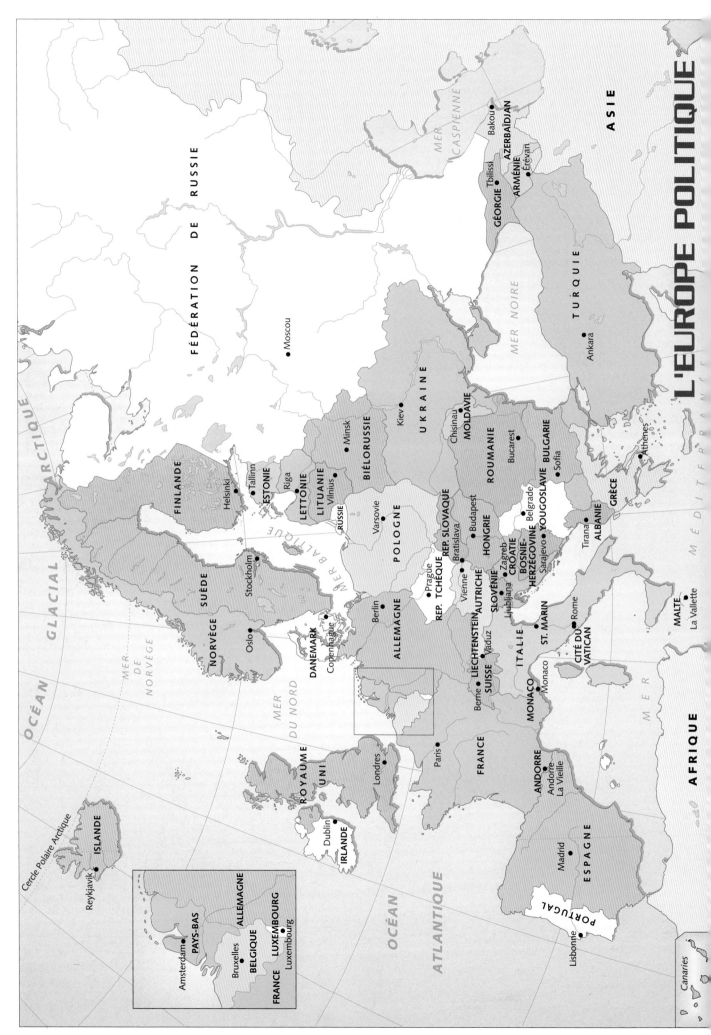

L'EUROPE POLITIQUE

ASIE

A S I E

FÉDÉRATION DE RUSSIE

• Moscou

OCÉAN GLACIAL ARCTIQUE

MER DE NORVÈGE

Cercle Polaire Arctique

ISLANDE
Reykjavik •

ROYAUME UNI

Londres •

IRLANDE
Dublin •

OCÉAN ATLANTIQUE

ESPAGNE
Madrid •

PORTUGAL
Lisbonne •

AFRIQUE

Canaries

FINLANDE
Helsinki •

SUÈDE
Stockholm •

NORVÈGE
Oslo •

MER BALTIQUE

ESTONIE
Tallinn •

LETTONIE
Riga •

LITUANIE
Vilnius •

RUSSIE

BIÉLORUSSIE
Minsk •

UKRAINE
Kiev •

POLOGNE
Varsovie •

MER DU NORD

DANEMARK
Copenhague •

ALLEMAGNE
Berlin •

Prague •
REP. TCHÈQUE

REP. SLOVAQUE
Bratislava •

AUTRICHE
Vienne •

HONGRIE
Budapest •

MOLDAVIE
Chisinau •

ROUMANIE
Bucarest •

BULGARIE
Sofia •

YOUGOSLAVIE
Belgrade •

CROATIE
Zagreb •

BOSNIE-HERZÉGOVINE
Sarajevo •

SLOVÉNIE
Ljubljana •

LIECHTENSTEIN
Vaduz •

SUISSE
Berne •

FRANCE
Paris •

ITALIE
Rome •

ST. MARIN

MONACO
Monaco •

CITÉ DU VATICAN

ANDORRE
Andorre La Vieille •

MER MÉDITERRANÉE

ALBANIE
Tirana •

GRÈCE
Athènes •

MALTE
La Vallette •

MER NOIRE

TURQUIE
Ankara •

GÉORGIE
Tbilissi •

ARMÉNIE
Érévan •

AZERBAÏDJAN
Bakou •

MER CASPIENNE

MER

AFRIQUE

PAYS-BAS
Amsterdam •

BELGIQUE
Bruxelles •

ALLEMAGNE

LUXEMBOURG
Luxembourg •

FRANCE

N° d'éditeur : 10136896 - Septembre 2006 - Imprimé en Italie par Rotolito Lombarda

Bags of **FUN**
for violin

Written by
Mary Cohen

© 2011 by Faber Music Ltd
This edition first published in 2011
Bloomsbury House 74–77 Great Russell Street London WC1B 3DA
Music processed by Jeanne Roberts
Cover designed by Sue Clarke
Illustration by Andy Cooke
Printed in England by Caligraving Ltd

ISBN10: 0-571-53600-X
EAN13: 978-0-571-53600-9

To buy Faber Music publications or to find out about the full range of titles available
please contact your local music retailer or Faber Music sales enquiries:

Faber Music Ltd, Burnt Mill, Elizabeth Way, Harlow CM20 2HX
Tel: +44 (0) 1279 82 89 82   Fax: +44 (0) 1279 82 89 83
sales@fabermusic.com   fabermusic.com

Foreword

Bags of Fun is full of tiny pieces that will set your imagination going. You can hunt for the hamster, make a gate creak, chatter with skeletons, admire the octopus trampolining, watch frogs at a high jump competition or wait patiently for snails to line up for a race. See how many different ways you can play each piece: you could try pizzicato as well as arco, play fast or slow, or 'paint' different sound colours. Pick your favourite pieces and perform concerts to your friends and family.

Contents

Eeny, meeny, miney, mo...

...Archie tripped and stubbed his toe...

...dropped his sweets and banged his knee...

...groaned a bit, went home for tea...

...crispy choc'late crunch – yummy!

Elephants like mud baths in the afternoon

Alligators meet for lunch – crunch, crunch, crunch!

Dragons can be dangerous (and very hot!)

Great...big...grizzly bears

Slimy slug trails

Creaky, creaky door

make the string creak

Skeletons chitter chatter

col legno

Four snails, lining up for a race

Where's that hamster?

play squeakily behind the bridge

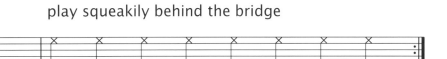

Hula hoops

'draw' hoop

Oh no! It's a fire-breathing monster!

Growl, growl, growl went the...

Eek! It's a...

Next door's dog is burying a bone

Don't fall into the hole...

oops...

Lots of creepy crawlies going for a jog

Energetic elephants down at the gym

Seagulls gliding over the cliffs

Goldfish swimming past the ruined castle

Frogs having a high jump competition

Fizzy, fizzy POP!

Hot toffee popcorn

Jelly on a plate

Wibble, wobble

(Now try some more jelly!)

Choc'late chip ice cream

Hubble, bubble, toil and trouble

Twinkle, twinkle, magic star

harmonic on A string

Come and see our angel fish

harmonic on E string

The octopus goes trampolining

harmonic on G string   harmonic on D string

Is that a donkey singing?

harmonic

Two big elephants getting on a bus

Elegant flamingo, balanced on one leg

Alexander bumped his bike

Hip, hop, hippopotamus

Jumping beans

11

Caramel crunch

Quick! Catch the guinea pig!

Next door's cat is climbing up our tree

One, two, three, jump!

Bored? I'm so bored, I'm asleep

(snore)

Watching squirrels through the window

Where is the cat?

Which bit's the stick insect? (I can't tell...)

Will we? Won't we? Need our wellies?

Hurry, hurry, hurry, hurry, hurry up – we're late!

Who ate the last piece of toast?

Do I have to go to school?

Oops! I've lost my socks!

These are the wrong kind of sandwiches...

Look! There's a bee in the bath!

My friend's tooth fell out at school

That's not fair!

Race you, race you round the park

Ugh...what's that?

Are you going to the shops?

There's a hole in the sole of my wellie

Three and a half pairs of socks

Did you look under the sofa?

Have you fed the cat?

Have you fed the guinea pigs?

Can I have my friends to stay?

I'd like a kite for my birthday, please!

Mountain biking

Building a tree-house

Messing about in my cousin's garden